KARL ROBERT

TRAITÉ PRATIQUE DE LA PEINTURE A L'HUILE

(PAYSAGE)

NOUVELLE ÉDITION

OUVRAGE ILLUSTRÉ DE 28 GRAVURES

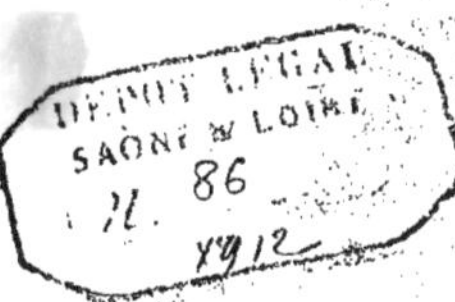

PARIS
HENRI LAURENS, ÉDITEUR
6, RUE DE TOURNON, 6

TRAITÉ PRATIQUE

DE LA

PEINTURE A L'HUILE

(PAYSAGE)

OUVRAGES DE M. KARL ROBERT

(Georges Meusnier, Expert auprès des Tribunaux de la Seine).

Collection in-8 à 6 fr.

Peinture à l'huile. Portrait et genre (Traité pratique de la). 1 vol. in-8, avec nombreuses gravures.

Aquarelle-Paysage (Traité pratique). Leçons illustrées et écrites d'après Allongé, Ciceri, etc., 4e édition revue et augmentée. 1 vol. in-8, avec planches en couleurs et en noir.

L'Aquarelle-Figure. Portrait et genre. Leçons illustrées et écrites d'après Louis Leloir, Linder, etc. 1 vol. in-8.

La Céramique (Traité pratique des peintures vitrifiables). 1 vol. in-8, avec gravures.

Le Dessin et ses applications aux travaux d'art et d'agrément. 1 vol. in-8, avec nombreuses gravures.

Enluminure des livres d'heures (Traité pratique de l'). Missels, canons d'autels, images pieuses et gravures. 1 vol. in-4, avec gravures.

Le Fusain sans maître Traité pratique et complet sur l'étude du paysage au fusain.

Gravure à l'eau-forte (Traité pratique de la). 1 vol. in-8.

Modelage et Sculpture (Traité pratique de). 1 vol. in-8.

Le Pastel, comprenant la figure et le portrait, le paysage et la nature morte. 1 vol. in-8.

La Photographie. Aide du paysagiste ou photographie des peintres. 1 vol. in-8, avec gravures.

Collection in-8 à 2 fr.

Le croquis de route et la pochade à l'aquarelle. 1 vol. in-8 avec de nombreux croquis et une planche en couleurs.

Précis d'aquarelle. 1 vol. illustré.

Collection in-18 à 1 fr. 50.

Le vitrail simplifié. In-18 avec figures.

L'Aquarelle-Paysage. Abrégé, in-18 avec figures.

Le Découpage artistique, La Marqueterie, la Pyrogravure. 1 vol. in-18 avec figures.

Gouache (Traité pratique des peintures a la). 1 vol. in-18 avec 68 dessins dans le texte.

Les Imitations des tapisseries anciennes, verdures, sujets pastoraux, etc. 1 vol. in-8 illustré.

Les Imitations céramiques, la Métallisation du Plâtre, la Galvanoplastie. 1 vol. in-18 avec figures.

Miniature (Traité pratique de la). 1 vol. in-18, deux portraits.

La Peinture sur émail, émaux de Limoges. 1 vol. in-18 avec 12 grav.

Perspective du paysagiste (Les éléments de la). 1 vol. in-18 illustré.

La Photominiature et ses derniers procédés. 1 vol. in-18 illustré.

Les Procédés du Vernis Martin. 1 vol. in-18 avec figures.

Traité pratique des peintures sur étoffe. Éventails sur soie, peau, gaze, etc. 1 vol. in-18 avec figures.

Th. ROUSSEAU

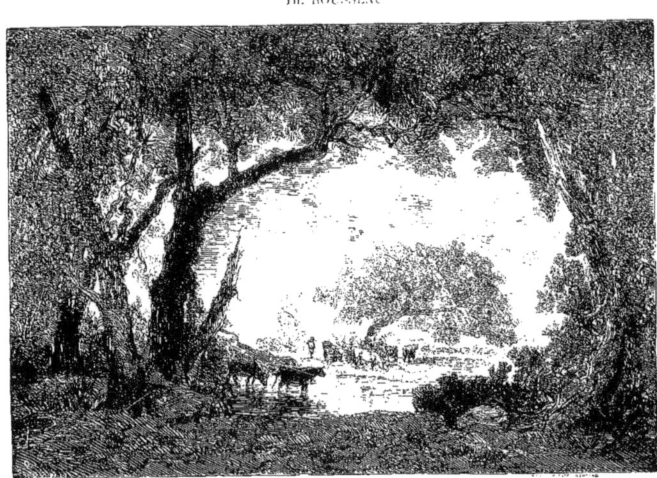

Coucher de soleil (*Musée du Louvre*).

KARL ROBERT

TRAITÉ PRATIQUE

DE LA

PEINTURE A L'HUILE

(PAYSAGE)

NOUVELLE ÉDITION

OUVRAGE ILLUSTRÉ DE 28 GRAVURES

PARIS
HENRI LAURENS, ÉDITEUR
6, RUE DE TOURNON, 6

AVANT-PROPOS

Peut-on apprendre seul et sans maître la peinture à l'huile ? Telle est la question qui nous a souvent été posée, et à laquelle nous avons toujours répondu : Assurément oui, surtout si vous désirez faire du paysage. — Le Paysage, en effet, ne supporte point, logiquement, d'autres études que celles faites d'après nature, et à notre point de vue, tous les travaux antérieurs ne sont qu'une préparation insignifiante et destinée seulement à faire connaître ce métier plus ou moins habile de la trituration des couleurs, et de l'emploi des différents procédés connus et employés de nos jours. Avant tout, l'amateur doit bien se pénétrer de ce principe : on ne peint point avec la main, pas plus qu'on ne fait de la poésie avec la rime ; on peint avec son intelligence et son raisonnement, on pourrait dire avec son âme.

J'ai toutefois cherché, dans ce Traité, à faire de la main une servante adroite, connaissant bien son métier, et c'est pourquoi vous trouverez sur le mélange des couleurs des renseignements aussi précis que possible et même un peu détaillés. Sans doute l'amateur arriverait à bien posséder les ressources de la palette, en cherchant par la copie à reproduire tous les tons dont il peut avoir besoin, mais cette recherche serait longue, ingrate, et je suis convaincu, d'ailleurs, qu'il pourra s'éviter ce travail en suivant avec un peu d'attention, lors de ses premiers essais d'après nature, les indications que je vais lui donner dans cet ouvrage, et qui sont puisées uniquement dans la pratique et l'observation des maîtres de la peinture.

Ainsi donc, il ne faut copier des tableaux que juste le temps nécessaire pour apprendre le métier et l'emploi raisonné des couleurs. Encore, ainsi qu'on va le voir, l'étude de la nature morte d'après nature est-elle, à l'atelier, la meilleure préparation que l'on puisse désirer, pour apprendre le métier proprement dit. C'est pourquoi je ne suis point partisan de la copie des maîtres anciens, toujours en matière de paysage, lesquels ne possédaient ni les mêmes couleurs, ni les mêmes procédés que nous. On doit plutôt les examiner avec soin, et puiser en eux la connaissance de l'harmonie générale d'un paysage, que s'attacher à les reproduire.

C'est parmi les modernes qu'il faut surtout chercher des enseignements pratiques, et, pour vous guider dans le choix de vos modèles, je n'ai qu'à vous interpréter ce mot de Corot, le fondateur de l'école paysagiste moderne : « Soyez sincère. » Prenez donc, si, malgré ce

C. COROT

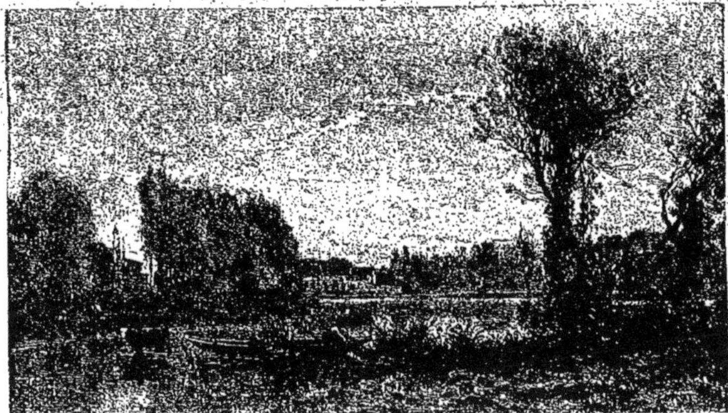

L'Étang.

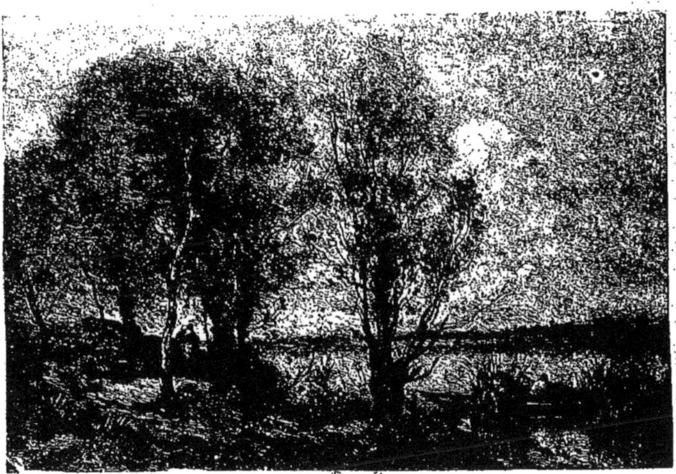

Le Coucher du soleil.

que nous venons de dire, vous désirez faire quelques copies avant d'aborder la nature morte, des études de jeunes artistes sincères et consciencieux [1], dont les œuvres, reproduction naïve de la nature, ne portent point encore le caractère personnel de l'artiste arrivé. Autrement vous vous laisseriez aller à prendre la manière et les procédés de tel ou tel, ce qui à tout jamais vous interdirait l'originalité.

Mais si l'on peut laisser de côté la copie des maîtres tant anciens que modernes, il ne faut pas moins les étudier avec soin, afin de pénétrer au fond de leur pensée et saisir le pourquoi de leurs belles œuvres, car développer en soi l'esprit critique mène à bien lorsqu'on passe à la pratique. Il ne faut pas l'ignorer, un examen approfondi du *Moulin* d'Hobbema nous fait comprendre toute la science des valeurs, et le *Buisson* de Ruysdael, par sa puissance d'effet et la sobriété de ses tons, qui a fait nommer ce maître le Rembrandt du paysage, est une impulsion immense donnée à l'observateur au point de vue de l'appréciation judicieuse des effets puissants de la nature. A ce même point de vue, la *Barrière* de Constable est à étudier. Parmi

1. Vers la fin de sa vie, Corot, bien qu'il allât peindre d'après nature tout autant que dans sa jeunesse, achetait souvent, soit directement, soit à l'hôtel Drouot (au grand étonnement des amateurs qui l'entouraient), des études de jeunes peintres, lorsqu'elles étaient très faites, et qu'il reconnaissait qu'elles étaient le résultat de plusieurs séances laborieuses.

les modernes, et sans chercher à les imiter, l'amateur apprendra : de Corot, que la chaleur et l'air d'un ciel répandus dans un paysage y font vibrer l'âme d'une heureuse émotion [1], comme aussi dans les vapeurs ambrées des soirs de Daubigny, et que la forêt dans son calme et la plaine en son immensité n'ont pas de meilleurs interprètes que Diaz et Théodore Rousseau. Enfin il reconnaîtra, dans les œuvres de J.-F. Millet, que c'est plus encore l'impression produite sur le maître par le paysage lui-même que par les figures qu'il y introduit, même avec infiniment d'art, que sa réputation et sa gloire ont dépassé toutes prévisions possibles. Il faut donc étudier ces maîtres longuement, noter à chaque fois leur interprétation de la nature, comme aussi leurs procédés matériels de rendu dans leurs œuvres ; mais ensuite, et d'après nature, oublier ces particularités d'exécution pour chercher dans une facture du moment et non apprise à poursuivre le même but par des voies et moyens parfois similaires, jamais d'imitation servile.

L'étude du métier proprement dit doit donc se faire l'hiver, à l'atelier, à l'aide de la nature morte : elle n'est

1. Corot était, comme Diderot, grand admirateur des maîtres de la Hollande et de Joseph Vernet. Il suffit, pour se rendre compte de l'influence qu'exerça ce dernier sur Corot, d'examiner les n°s 936/632 et 935/631 de notre Louvre, vue du Ponte Rotto et du Fort Saint-Ange à Rome, et de rapprocher ces deux œuvres de celles de Corot, on y trouvera les mêmes qualités de chaleur et d'air, la même vapeur ambrée, la même intensité lumineuse, la même sobriété dans les vigueurs.

JOSEPH VERNET

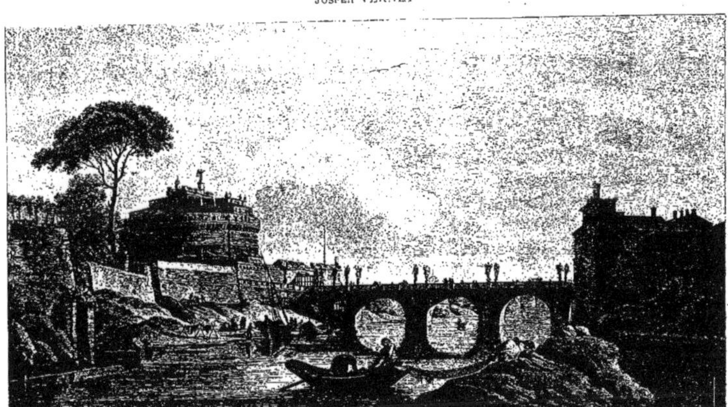

Le Ponte Rotto (*Musée du Louvre*).

Extrait des Gravures du Louvre. — Publication de F. Hermet.

d'ailleurs ni longue ni difficile, si on la considère simplement comme exercice préparatoire, et la peinture à l'huile, contrairement à l'aquarelle, offre des ressources telles, qu'on arrive promptement à un résultat satisfaisant et qui conduit vite au travail d'après nature.

Enfin, il faut bien le dire, il en est du paysage comme de la sculpture, tout le monde peut y atteindre : mais il ne faudrait pas déduire de cette affirmation, qui ne s'adresse qu'à l'amateur désireux de peindre le plus rapidement possible, que le paysage est un genre inférieur, et que les véritables artistes n'y doivent posséder à fond la science du dessin. Il n'y a pas de genre inférieur en art, et les maîtres ont tous été d'admirables dessinateurs : le moindre croquis de Ruysdael vous convaincrait, les merveilleuses eaux-fortes de Canaletti et de Claude Lorrain également, et il suffit d'avoir vu les dessins de Corot, son « Port de Gênes » entre autres, avec ses milliers de navires, pour se rendre compte que si parfois il néglige la représentation de la ligne, ce n'est pas qu'il en ignore la pureté, mais bien qu'il le veut ainsi, et que c'est sa manière propre de sentir la nature toujours baignée d'air où cette ligne disparaît.

Et n'a-t-on pas d'ailleurs fait ce reproche intempestif de manque de dessin à Rubens même, ce grand maître des Flandres, qui pourtant n'a pas d'égal pour rendre l'esprit de la forme qu'il dessine par un modelé libre et vrai d'où tout contour, et toute sécheresse aussi, sont impitoyablement bannis. Ah ! c'est que le dessin, qui ne s'apprend en effet que par la recherche exacte et scrupuleuse des formes extérieures, n'est pas en lui-même, comme on le pense généralement, la ligne sèche et raide d'une silhouette enveloppante : non, non, le dessin est chose plus élevée : c'est l'esprit même de la forme rendu par un moyen quelconque, que ce moyen soit le contour ou qu'il soit le modelé, et l'on doit reconnaître même que le modelé, comme moyen de dessin, est bien supérieur à la ligne, puisqu'il donne l'ensemble de la forme avec sa construction intime, et non pas seulement la silhouette enveloppante de cette forme.

De sorte qu'en paysage, ce qu'il faut surtout étudier, c'est l'application de la touche, puisqu'une touche peut être bien dessinée, si elle est posée franchement, bien dans la forme, et selon la construction de l'objet qu'elle représente.

J'ai dit plus haut qu'il n'y a pas de genre inférieur, le paysage peut-être moins que tout autre. A ceux donc qui seraient tentés de croire que le Paysage doit se classer au-dessous de la Figure, je répondrai : Les Flandres et la Hollande ont produit deux grands paysagistes : Ruysdael et Hobbema, et quelle pléiade de peintres de genre et de portraitistes ! L'Italie, hormis Salvator Rosa, n'a pas produit de maîtres réels du paysage malgré ses nombreuses et belles écoles ; et malgré l'entraînement et l'éducation de deux siècles de peinture, la France ne nous a donné que quatre grands maîtres en ce genre, Corot,

J.-F. MILLET

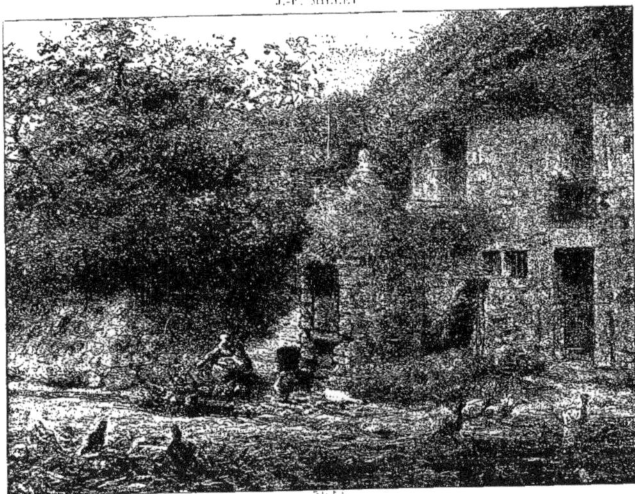

Cour de ferme.

P. 112.

Daubigny, Rousseau et Millet. Enfin, de nos jours, où près de deux mille peintres se disputent les portes de nos expositions annuelles, quel est le paysagiste dont l'émotion apporte une tradition nouvelle en cet art? Nul ne peut encore le désigner. N'est-ce pas là une preuve que le Paysage, loin d'être inférieur à tout autre genre, est au contraire d'un ordre tellement élevé que très peu d'artistes peuvent y atteindre [1] ?

1. Il y a plus : si nous voulions être indiscret, nous pourrions citer dans l'école contemporaine certains artistes de valeur qui, après avoir tenté du paysage pendant plusieurs années, l'ont abandonné et se sont fait depuis, en de tout autres genres, une très grande réputation.

CHAPITRE Ier

DU PAYSAGE EN GÉNÉRAL

ÉTUDES PRÉLIMINAIRES

LE DESSIN ET LA PERSPECTIVE

TRAITÉ PRATIQUE
DE LA
PEINTURE A L'HUILE
(PAYSAGE)

CHAPITRE Ier

DU PAYSAGE EN GÉNÉRAL

ÉTUDES PRÉLIMINAIRES. — LE DESSIN ET LA PERSPECTIVE

S'il faut une aptitude toute spéciale pour devenir paysagiste de premier ordre, et maître peintre, je crois qu'un peu de goût et d'amour de la campagne suffisent pour faire un amateur et même un artiste en paysage. Le champ est plus libre à la fantaisie et l'on ne se trouve point enfermé dans les règles sévères de la figure : la silhouette d'un arbre peut être plus ou moins juste et correcte, si elle porte bien son caractère propre, elle ne choquera jamais autant qu'une disproportion dans le visage. La nécessité d'une science approfondie du dessin n'est donc pas ici rigoureusement absolue, d'autant qu'on s'y perfectionnera toujours en peignant bien dans la forme et l'esprit du dessin, d'après nature. Toutefois, l'amateur désireux de faire œuvre intéressante doit consacrer au moins une saison à l'étude du dessin avant d'entreprendre la peinture : et puisque ce volume est le complément d'une méthode, je vous engagerai à étudier d'abord votre dessin à l'aide de notre *Cours élémentaire de paysage au fusain*, puis de notre série d'*Études d'après nature* [1]. Les résultats que j'ai obtenus avec mes élèves ont été la véritable récompense de mon travail, car, après ces études faites avec soin, aucun ne s'est trouvé dans l'embarras pour obtenir une bonne mise en place. Strictement, cela doit suffire avant de commencer à peindre, afin de n'éprouver aucune difficulté lorsqu'il s'agira, sur place, d'indiquer un motif ; à l'atelier, d'augmenter ou de réduire un modèle donné. Vous pouvez d'ailleurs vous contenter d'exécuter ce travail à la mine de plomb si vous n'êtes pas outillé pour le fusain. Quelques études d'après la bosse vous rendront également de grands services, et, comme nous le verrons plus loin, elles vous faciliteront la mise en place des natures mortes, exercice préalable à toute peinture. Enfin, si vous voulez être apte

1. Ces ouvrages sont actuellement épuisés. Voir, dans le journal *Le Modèle*, les planches concernant le paysage et les croquis d'après nature.

au rendu complet d'un paysage animé de figures, exercez-vous fréquemment à la pratique du croquis d'après le cours de Bargue et Gérome d'abord, puis d'après l'antique, et d'après nature. Une saison d'hiver consacrée à ces travaux préparatoires n'est point temps perdu, croyez-le bien, et l'on regrette plus tard amèrement de ne l'avoir point fait. En dernier lieu, et avant de partir en campagne, peindre des objets de nature morte groupés avec goût est le meilleur exercice qu'on puisse faire pour s'habituer à établir des plans entre les objets et à sacrifier les uns au profit des autres, ce qui est le grand écueil des commençants qui embrassent trop de choses pour leurs premières études, et, dans un ensemble trop compliqué, voient chaque groupe d'objets trop en détail. Cela tient à ce qu'on n'éteint pas assez les masses en clignant beaucoup les yeux, lorsqu'on est devant la nature. Plus tard, cette opération, un peu fatigante, je l'avoue, devient beaucoup moins nécessaire, parce que l'œil se dresse très bien à voir peu, et à sacrifier dès l'abord ce qui est inutile ou diffus. L'important sera donc, dans vos premières études, en dessin comme en peinture, de faire simple, le plus simple possible, et de n'avoir absolument que les valeurs posées les unes à côté des autres, enveloppées par une silhouette exacte, et, autant que possible, intéressante. Dans ce but, les pochades du soir, à la tombée du jour, sont excellentes, parce que tous les détails disparaissent et les formes générales se simplifient.

DE LA PERSPECTIVE. — RÉSUMÉ DES CONNAISSANCES ESSENTIELLES

Mettre son tableau en perspective, observer fidèlement la perspective des objets, cela veut dire communément les placer ou les dessiner de telle sorte que rien ne soit choquant à l'œil par rapport aux différents plans qui existent depuis la base du tableau jusqu'à l'horizon ; mais, à proprement parler et au point de vue absolu du mot, c'est reproduire sur le papier, par le dessin, les différents objets qui composent un paysage dans leurs véritables proportions géométriques. Sans entrer dans une étude aride sur la perspective, j'essayerai cependant de vous en donner les bases en me renfermant uniquement dans les principes généraux nécessaires à la bonne mise en place d'un paysage, et pour cela je répondrai ici aux différentes questions qui peuvent être faites à ce sujet, en procédant par définitions.

La perspective se divise en deux parties bien distinctes : 1° la perspective linéaire, soit celle qui a trait aux formes générales et à la relation des lignes entre elles, au point de vue géométrique ; 2° la perspective aérienne, qui est toute picturale, et qui, comme son nom l'indique, sert à observer les dégradations des différents tons résultant de l'interposition des couches d'air entre le spectateur et les différents objets du tableau. Cette dernière traite aussi de l'observation des ombres et de la lumière par rapport au soleil.

PERSPECTIVE LINÉAIRE

Horizon. — L'horizon est la ligne extrême qui borne notre vue en pleine campagne, et qui, si nous sommes au bord de la mer, est l'endroit où le ciel et la mer semblent se rencontrer. Si l'horizon est apparent, on l'appelle horizon visuel ; il prend le nom d'horizon rationnel s'il est masqué par des arbres, fabriques, montagnes, etc... Il s'agira donc, avant de commencer son tableau, de déterminer l'horizon ; pour cela, il suffira, en élevant le bras étendu de toute sa longueur, d'établir une parallèle à la ligne des yeux avec le crayon ou la hampe du pinceau : la ligne d'horizon formera une troisième parallèle aux deux lignes précédentes, les trois lignes passant par un même plan.

Pour avoir un motif agréable, il est généralement admis qu'il faut placer la ligne d'horizon au tiers de la hauteur totale à partir de la base du tableau.

LIGNES FUYANTES

On appelle fuyantes toutes lignes qui prennent une direction différente de l'horizon, soit en dessus, soit en dessous de lui : dans le premier cas, elles vont de haut en bas vers l'horizon ; dans le second, elles suivent la direction contraire. Ainsi, supposez une maison bordant une route dont l'horizon se trouve au milieu de ladite maison, les lignes du toit prendront leur direction en s'abaissant, et celle de la base de la maison, en s'élevant vers l'horizon.

POINT DE VUE

Le point de vue est un point quelconque de l'horizon où l'œil vient s'arrêter et qui est pour ainsi dire le centre d'intérêt d'un paysage. Le choix du point de vue aura donc une importance capitale dans la composition d'un paysage, puisque c'est vers lui que doivent concourir toutes les lignes perspectives du tableau. Le point de vue étant indéterminé et par conséquent laissé au choix du dessinateur, il peut aussi bien occuper le centre de la ligne d'horizon que se trouver plus ou moins rapproché de l'extrémité droite ou gauche, suivant l'effet qu'on veut rendre ou l'intérêt qu'on veut donner au tableau.

POINT DE DISTANCE

Le point de distance marque l'espace compris entre le spectateur et le sujet. Il est admis en principe que cette distance doit être au moins égale à deux fois la hauteur du tableau, et cela parce que, si cette distance était plus grande, l'œil ne percevrait plus les objets avec une clarté suffisante, et, d'autre part, si le dessinateur se plaçait trop près du sujet, les premiers plans prendraient une importance beaucoup trop grande pour le reste du tableau.

POINTS DE FUITE

On nomme ainsi les points où viennent concourir les lignes fuyantes ; il y a les points de fuite principaux, qui se trouvent sur l'horizon, et les points de fuite aériens, qui se trouvent, soit au-dessus, soit au-dessous ; on les nomme aussi points accidentels.

Les lignes parallèles à la surface des eaux ont toujours leurs points de fuite sur la ligne d'horizon.

Je n'ai pas cru devoir entrer ici dans de plus grands détails sur la perspective [1], parce que je suis convaincu qu'on peut arriver à un talent d'amateur suffisant sans en avoir entrepris une étude approfondie. Si néanmoins vous désirez apprécier de plus près cette science, vous pourrez en faire une étude plus complète, et certes d'excellents livres ne manquent point à cet égard. Mais j'estime qu'une observation intelligente et réfléchie des rapports qui existent entre les différentes verticales et la ligne droite de l'horizon doit vous suffire

1. Pour plus amples détails, voir *Les Éléments de la Perspective du Paysagiste*, de notre petite Bibliothèque à 1 fr. 50.

pour avoir une mise en place qui ne soit point choquante et qui par conséquent ne trouble point le spectateur.

Toutefois, pour les amateurs qui désireraient avoir une idée plus large de la Perspective, j'ai cru devoir reporter ici le chapitre tout spécial que lui consacre Charles Blanc dans sa « Grammaire des arts du dessin », ce livre que tout amateur d'art devrait posséder. Les théories générales qui y sont exprimées si clairement ont été bien des fois paraphrasées, sans que le travail des différents auteurs qui s'en sont servis ait rien ajouté à leur clarté ni à leur précision.

BIEN QUE LE PEINTRE QUI COMPOSE SON TABLEAU DOIVE ABSOLUMENT CONNAITRE LES LOIS DE LA PERSPECTIVE ET S'Y SOUMETTRE, L'OBSERVATION MÊME DE CES LOIS COMPORTE UNE PART NÉCESSAIRE FAITE AU SENTIMENT.

La peinture devant creuser des profondeurs fictives sur une surface plane, et donner à ces profondeurs la même apparence qu'elles auraient dans la nature, le peintre ne saurait se passer de connaître la perspective, qui est justement la science des lignes et des couleurs apparentes.

Suivant la manière dont notre œil est conformé, la hauteur et le volume de tous les objets diminuent en proportion de la distance où il les voit, et toutes les lignes parallèles au rayon visuel semblent converger vers le point de l'horizon sur lequel se dirigent nos regards. Les unes s'abaissent, les autres s'élèvent et toutes vont se réunir à ce point qui est à la hauteur de notre œil et qui se nomme le *point de vue*. D'autre part, à mesure que les objets s'éloignent de nous, le contour en devient moins tranchant, la forme plus vague, et la couleur atténuée en est plus indécise. Ce qui était anguleux s'arrondit, ce qui était brillant se décolore ; les couches d'air qui s'interposent entre les choses regardées et l'œil qui les regarde sont comme un voile qui les rend confuses, et si l'atmosphère est épaisse et chargée de vapeurs, la confusion augmente et le spectacle se perd. Ces deux phénomènes — la convergence des lignes fuyantes et la dégradation des couleurs — ont donné lieu à distinguer en peinture deux sortes de perspectives, la perspective *linéaire* et la perspective *aérienne*. Celle-ci ne s'impose au peintre que lorsqu'il exécute son tableau, lorsqu'il y mèt, avec les couleurs, les lumières et les ombres ; nous en parlerons quand il sera question du clair-obscur, du coloris et de la touche. L'artiste, au moment où il dispose son tableau, c'est-à-dire au moment où il assigne à chaque figure et à chaque objet la place qu'ils devront y occuper, l'artiste ne fait encore que de la perspective *linéaire*.

Maintenant, qu'est-ce qu'un tableau dans la peinture proprement dite ? C'est la représentation d'une scène dont l'ensemble peut être embrassé d'un coup d'œil. L'homme n'ayant qu'une seule âme, ses deux yeux ne lui donnent qu'une seule vue. L'unité est donc essentielle à tout spectacle qui s'adresse à l'âme. S'agit-il simplement d'amuser le regard par des artifices d'optique et de tenir en haleine la curiosité du spectateur en lui procurant, dans une suite de scènes variées, les plaisirs d'une illusion momentanée et matérielle, l'unité n'est plus nécessaire alors, parce que l'artiste, au lieu de concevoir une peinture, n'a plus qu'à machiner un panorama. Au contraire, dès que le peintre veut exprimer une pensée ou éveiller un sentiment, il est indispensable que l'action soit une, c'est-à-dire que toutes les parties du tableau concourent à une action dominante. Mais l'unité d'action est inséparable de l'unité de lieu, et l'unité de lieu entraîne l'unité du point de vue, sans laquelle le spectateur, tiraillé en divers sens, serait comme transporté en plusieurs endroits à la fois. Il semble donc que l'unité soit plus nécessaire encore dans un poème d'images et de couleurs que dans un poème ou dans une tragédie jouée, parce qu'en peinture, le lieu est immuable, le temps indivisible et l'action instantanée.

Cela posé, comment s'y prendra l'artiste pour soumettre à l'unité d'un point de vue la scène que son imagination a inventée ou celle qu'il évoque par le souvenir ? L'expérience nous enseigne que nos yeux ne peuvent embrasser un objet d'un seul regard qu'à une distance égale environ à trois fois la plus grande dimension de cet objet. Par exemple, pour saisir d'un coup d'œil un bâton qui a un mètre de longueur, il faut se placer à la distance de trois mètres si l'on est doué d'une vue ordinaire. Supposons que le peintre se mette à la fenêtre de sa chambre, pour regarder la campagne : les objets qui se présenteront à sa vue seront si nombreux et occuperont une si vaste étendue qu'il lui faudra tourner la tête et promener ses regards dans le paysage pour en voir, l'une après l'autre, les diverses parties. S'il rentre à reculons dans sa chambre, l'étendue diminuera, et si l'ouverture de la croisée a un mètre de large, et qu'il s'en éloigne de trois mètres, cette distance lui fournira la mesure de l'espace qu'il peut embrasser d'un regard. La croisée sera le cadre tout tracé de son tableau, et si l'on suppose qu'au lieu de toile ou de papier, ce soit un seul carreau de verre qui remplisse le vide, et que l'artiste avec un long crayon puisse calquer sur la vitre les contours des objets tels qu'ils viennent s'y projeter, son calque sera la représentation exacte du paysage qui se trouvera tracé suivant les règles de la perspective, puisque la perspective sera dessinée d'elle-même.

De ce qui précède, il résulte qu'un dessinateur à l'œil exercé, à l'œil juste, pourrait mettre assez bien en perspective tout ce qu'il dessine, sans le secours des opérations géométriques ; mais il faudrait, pour cela, que le tableau dont il fait le tracé fût toujours assez beau et assez conforme à son sentiment pour demeurer invariable, car si l'artiste veut y déplacer une ligne, y changer une figure, supprimer un rocher ou un arbre, ajouter un édifice, ou simplement éloigner ce qui était proche, et rapprocher ce qui était loin, la justesse de son coup d'œil ne lui suffira plus, et la perspective ne venant plus se dessiner d'elle-même sur la vitre transformée en toile, le peintre aura besoin de recourir aux lois que l'observation a découvertes et que la géométrie a précisées.

Elles sont simples, elles sont intéressantes et admirables par leur simplicité même, les lois de la perspective. L'antiquité les a connues, et déjà au ve siècle avant notre ère, les Athéniens qui assistaient aux tragédies d'Eschyle purent admirer sur la scène une architecture feinte, tracée par Agatharcus. Deux élèves de cet artiste géomètre, Démocrite et Anaxagoras, publièrent la théorie de la perspective, et, plus tard, Pamphyle l'enseignait publiquement à Sicyone. A l'époque de la Renaissance, la perspective fut retrouvée ou réinventée par les maîtres italiens qui florissaient au xve siècle, tels que Brunelleschi, Masaccio, Paolo Uccello et Piero della Francesca. Celui-ci en écrivit un traité qui est resté manuscrit ; Uccello en fit ses délices ; il y consacra sa vie, il y consuma ses jours et ses nuits, disant à sa femme qui l'invitait au sommeil : Oh! quelle douce chose que la perspective! *Oh! che dolce cosa è questa prospettiva!*... De nos jours l'illustre géomètre Monge, s'appuyant sur la géométrie descriptive, dont il avait fait un corps de science, a fourni la démonstration rigoureuse de la perspective, alors que les livres d'Albert Dürer, de Jean Couzin, de Peruzzi, de Serlio, de Vignole, de Dubreuil, et celui de Desargues, mis en lumière par Abraham Bosse, ne contenaient guère que des résultats affirmés. Aujourd'hui la perspective, exposée avec clarté dans les *Éléments* de Valenciennes, animée par l'esprit dans les divers ouvrages d'Adhémar, considérée par M. de la Gournerie dans ses effets et dans ses rapports avec la peinture et la décoration théâtrale, simplifiée dans la nouvelle *Théorie* de Sutter, la perspective, disons-nous, peut être apprise facilement et à fond.

En étudiant ces auteurs, l'artiste apprendra que — le tableau étant généralement considéré comme une surface plane, percée verticalement — l'on doit préluder aux opérations de perspective en établissant trois lignes. La première est la ligne fondamentale ou *ligne de terre*, qui n'est autre que la base du tableau ; la seconde est la *ligne d'horizon*, qui est toujours à la hauteur de l'œil et qui détermine le dessus et le dessous des objets regardés ; la troisième est une ligne verticale qui coupe à angles droits les deux premières et qui, ordinairement, divise le tableau en deux parties égales.

Le point où le rayon visuel perpendiculaire au tableau rencontre le tableau s'appelle en perspective le *point de vue*. Il se trouve à l'extrémité du rayon qui va de l'œil du spectateur à l'horizon, et comme l'horizon monte à mesure que l'œil monte, et descend à mesure que l'œil descend, c'est toujours à l'horizon qu'aboutit le rayon visuel, quelle que soit son élévation sur la verticale.

Le point de vue et la ligne d'horizon étant déterminés sur le tableau, il reste à mesurer la distance où devra se mettre le spectateur, pour voir le tableau comme le peintre l'a vu ; en d'autres termes, il reste à mesurer la longueur du rayon visuel. Ce rayon étant perpendiculaire à l'œil n'est pour l'œil qu'un point. Pour le voir en véritable grandeur, on le suppose rabattu sur la ligne d'horizon prolongée, et le point où finit cette ligne rabattue se nomme le *point de distance*, lequel doit donc être aussi éloigné du point de vue que le spectateur sera éloigné du tableau. Tels sont les deux points et les trois lignes qui servent à construire toute bonne perspective. Il faut aussi tenir compte des exceptions assez nombreuses que peuvent présenter certains objets qui n'ont aucun rapport de régularité avec le tableau — comme, par exemple, une chaise renversée au hasard dans une chambre — et dont les lignes horizontales vont aboutir à un *point accidentel*, placé à l'horizon. Que si l'on suppose la chaise renversée sur une autre, de manière à être inclinée sur le plancher ou à présenter ses quatre pieds en l'air, le point accidentel serait placé au-dessous ou au-dessus de l'horizon.

En résumé, les maîtres de perspective enseigneront à l'artiste :

Que toutes les lignes perpendiculaires au tableau concourent au point de vue ;

Que toutes les lignes parallèles à la base du tableau ont leur apparence perspective parallèle à cette base ;

Que toutes les lignes horizontales formant avec le tableau un angle de 45 degrés concourent au point de distance ;

Que toutes les lignes horizontales parallèles entre elles,

mais non pas au tableau, concourent à un même point sur la ligne d'horizon ;

Que toutes les lignes obliques parallèles concourent à un point qui peut être au-dessus ou au-dessous de l'horizon, en dedans ou en dehors du tableau, suivant la situation de ces lignes.

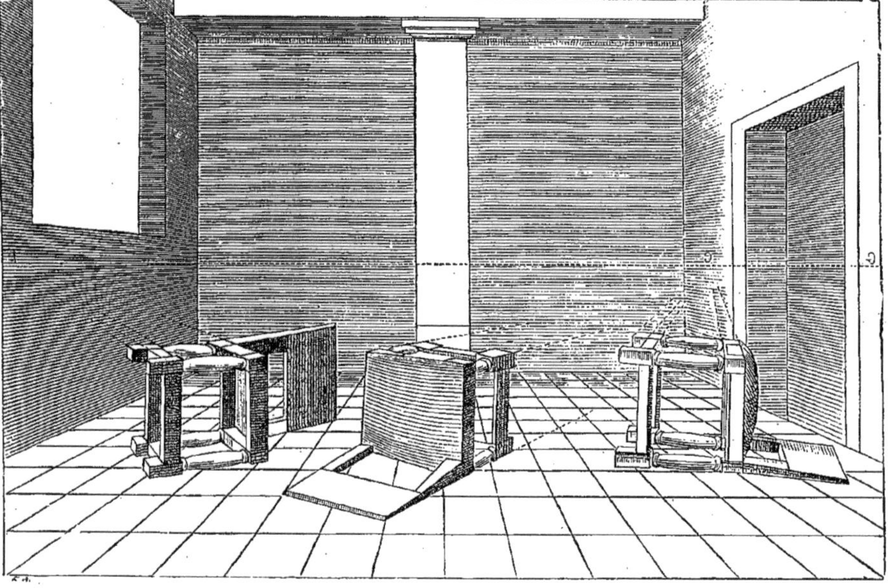

Qu'en un mot, tous les objets diminuent en tous sens à mesure qu'ils s'éloignent de l'observateur.

Ainsi le point de vue étant placé au centre de la composition y forme une étoile dont les rayons seraient les lignes fuyantes perpendiculaires au tableau, et comme les unes descendent à l'horizon et que les autres y montent, la ligne d'horizon se trouve diviser le tableau en deux éventails ouverts en sens inverse, et coupés par les quatre côtés du cadre et par les lignes parallèles à ces côtés.

Rapprochement remarquable ! la vue de notre œil ressemble parfaitement à la vue de notre raison, et l'optique est dans la nature ce qu'elle est dans la philosophie. La différence du point de vue change la perspective morale des idées comme la perspective linéaire des choses, et, suivant le point de distance auquel se place notre esprit, il ne saisit que des détails dont l'importance le trompe, ou il embrasse l'ensemble dont la grandeur l'éclaire. Au surplus, la perspective physique, si rigoureuse qu'elle soit sous la règle et le compas du géomètre, reste soumise à l'empire du sentiment. Louis David disait à ses élèves : « D'autres peintres savent mieux que moi la perspectives, mais ne la sentent pas aussi bien. » Cette parole signifiait assez clairement que le savoir ne suffit pas à l'artiste quand il trace la perspective de son tableau et qu'il y faut une part faite au sentiment. Nous allons voir, en effet, que le sentiment doit guider une à une toutes les opérations du peintre, et déterminer ainsi la hauteur de l'horizon, le choix du point de vue, le choix du point de distance et l'ouverture plus ou moins grande de l'angle optique.

La *hauteur de l'horizon.* Bien que la ligne de l'horizon ait une courbure produite par la sphéricité de la terre, cette courbure est tellement microscopique et inappréciable qu'elle peut être remplacée, en peinture, par une ligne droite. Mais à quelle hauteur tracer l'horizon ? Si l'on veut peindre un tableau de marine, l'horizon sera naturellement la ligne qui sépare le ciel de la mer, car l'horizon n'est autre chose que le niveau de la mer que nous apercevrions si les terres et les montagnes qui nous la cachent étaient transparentes. Maintenant, le goût dit assez que la hauteur de l'horizon dans le tableau dépendra du sujet que le peintre a choisi et du nombre des figures qu'il doit mettre en scène.

S'agit-il de représenter une fête publique, comme la *Kermesse* de Rubens, ou un festin magnifique, comme les *Noces de Cana* de Paul Véronèse, il est sensible qu'il faudra élever l'horizon pour faire voir le plus grand nombre possible de personnages et dérouler la scène aux yeux du spectateur telle qu'il l'a verrait s'il était placé sur une terrasse ou derrière une fenêtre qui serait pour lui le cadre du tableau. David, voulant peindre le *Serment du Jeu de Paume*, s'est supposé debout sur une table d'où il aurait vu tous les groupes et tous les mouvements de l'assemblée. Gros, pour développer le sinistre champ de bataille d'Eylau, a placé l'horizon à la hauteur d'une éminence d'où il aurait embrassé dans son étendue le spectacle entier de ce grand désastre : « Lorsque le tableau, dit Adhémar (*Supplément au Traité de Perspective*), représente un salon dans lequel plusieurs personnes sont réunies, les unes assises, les autres debout, on placera l'horizon à la hauteur d'une personne debout. Dans ce cas, le spectateur éprouvera la même impression que s'il était debout auprès des personnes représentées dans le tableau. Si le sujet ne contient que deux ou trois personnes assises, on fera bien de placer l'horizon à la hauteur de leurs yeux. Après quelques moments d'attention, le spectateur pourra croire qu'il est lui-même assis à côté des personnes qu'il a devant lui et qu'il prend part à leur conversation. Mais si l'une d'elles paraissait lever un peu la tête, comme si elle regardait une personne debout, il faudrait, comme dans l'exemple précédent, placer l'horizon à la hauteur d'une personne debout. »

Supposons maintenant que l'artiste ait à composer un tableau pour une place fixe, ou bien une peinture murale à une hauteur voulue, la ligne d'horizon sera choisie en conséquence, mais avec certains ménagements, et au besoin, certaines *tricheries* favorables au regard. Le célèbre peintre Mantegna, ayant été chargé par le marquis de Gonzague de peindre le *Triomphe de Jules Cesar*, qui devait orner le palais de Mantoue et qui devait être placé plus haut que l'œil du spectateur, Mantegna eut soin de poser les premières figures sur la ligne de terre formant la base du tableau ; il fit ensuite disparaître peu à peu les pieds et les jambes des personnages du second et du troisième plan, comme le voulaient la ligne donnée de l'horizon et les lois géométriques. De même pour les brancards, les vases, les aigles et les trophées portés en triomphe ; il les dessina de bas en haut, de sorte que l'œil n'en aperçoit que le dessous. Vasari vante beaucoup cette observation scrupuleuse de la perspective. Mais faut-il toujours être vrai jusqu'au point d'étonner les yeux en leur montrant des singularités qui les déroutent ? Il se peut faire que les regards soient offensés justement par les précautions qu'on aura prises pour ne les offenser point et que le spectateur, ne se rendant pas compte de la ligne d'horizon que le peintre a choisie, trouve bizarre ce qui est pourtant justifié par la science du géomètre. L'essentiel en peinture, c'est que l'âme soit émue ou captivée, dût-on la captiver ou l'émouvoir aux dépens des lois rigoureuses de la scénographie, ou du moins par une légère infraction à ces lois.

Le *point de vue*. C'est toujours sur la ligne d'horizon que se trouve le point de vue ; mais sur quel point de cette ligne faut-il le placer ? Est-ce au beau milieu du tableau? Est-ce à droite ou à gauche, plus ou moins près du cadre? Ici encore l'artiste écoute les conseils du sentiment. Les grands maîtres, dans leurs compositions les plus fameuses, Léonard de Vinci dans la *Cène*, Raphaël dans la *Dispute*, l'*Héliodore*, et l'*École d'Athènes*, Poussin dans le *Jugement de Salomon*, Lesueur dans le *Saint Paul à Éphèse*, ont fixé leur point de vue, soit au centre du tableau, c'est-à-dire à l'intersection des diagonales, soit à égale distance des lignes latérales du cadre. Il en résulte une symétrie qui a quelque chose de grave, de calme, de majestueux qui convient parfaitement aux sujets religieux et aux scènes imposantes de l'histoire. L'équilibre optique produit par l'égalité des masses qui se correspondent procure à l'esprit une sorte de pondération morale. Partout où l'architecture fournit une perspective clairement écrite, le point de vue placé au milieu de la scène y appelle tout d'abord l'attention du spectateur, et ensuite l'y rappelle. Si, par exemple, Jésus-Christ est assis au centre du tableau dans la Cène des apôtres, les lignes qui concourent au point de vue ramènent constamment le rayon visuel sur la figure dominante, là où est le nœud du drame, là où se concentre l'émotion, là où reviennent sans cesse les regards de l'esprit. Salomon, siégeant sur le trône où il va rendre la justice, me paraît encore plus équitable à la place où le peintre nous le fait voir, dans une composition dont le balancement rigoureux semble une allusion à la souveraine impartialité du juge qui en occupe le centre. Et si nous voulions emprunter de l'art contemporain un exemple illustre, nous verrions l'auteur de l'*Apothéose d'Homère* ajouter à la solennité de son ordonnance un auguste équilibre en choisissant le point de vue que la symétrie indiquait, pour y placer la figure vénérable du poète, entre l'Iliade et l'Odyssée, dans l'axe même du temple où il va être déifié et qui sert de fond au spectacle de son couronnement.

Il est toutefois d'excellents peintres qui ont le plus souvent porté leur point de vue sur un côté du tableau, non loin du bord. Lesueur lui-même, dans les vingt-deux compositions si admirables dont la suite forme la *Vie de saint Bruno*, a presque toujours supposé le spectateur à droite ou à gauche de la ligne médiane. Il y a plus, quelquefois son point de vue est fixé sur l'une des lignes latérales du cadre, de sorte qu'il y a telle composition qui paraît n'être que la moitié d'une autre, par exemple celle qui représente saint Bruno distribuant son bien aux pauvres. On peut croire que ces images tranquilles et douces de la vie des cloîtres, ces scènes d'une austérité mélancolique gagneraient à présenter plus de pondération perspective, moins d'inégalité dans les masses que sépare le point de vue. Mais il est juste d'observer que des compositions formant une seule histoire, un seul tout, peuvent se compléter pour le regard de façon qu'un tableau fasse équilibre à celui qui le précède ou qui le suit. On dirait, au surplus, que Lesueur, en rejetant son point de vue au coin du tableau, a voulu exprimer l'éloignement des regards profanes et soulever seulement un coin du voile qui cache aux cénobites les choses du monde.

Raphaël, dans les scènes les plus mouvementées, conserve la position centrale du point de vue, et il oppose ainsi à l'agitation des figures le calme d'une architecture pondérée. En peignant sa fresque sublime de l'*Héliodore*, où l'on voit le voleur sacrilège renversé par un cavalier miraculeux, et fouetté de verges par deux anges qui ont fendu l'air, rapides comme de purs esprits, Raphaël a songé sans doute au contraste que produirait la tranquillité d'une architecture symétrique avec le mouvement impétueux du cavalier céleste qui renverse Héliodore, et des anges qui le frappent de verges, tandis que le sacrificateur Onias, au fond du sanctuaire où conduisent toutes les lignes fuyantes de la perspective, demande encore à Jéhovah le miracle qui s'est accompli, foudroyant et soudain comme l'éclair.

L'équilibre qu'engendre la situation du point de vue au milieu de la ligne d'horizon peut donc servir, tantôt à fortifier l'assiette du tableau, s'il est calme, tantôt à en faire ressortir le mouvement, s'il est dramatique. Mais l'exemple de Raphaël nous suggère une autre observation : c'est que dans la peinture murale l'architecture réelle commence à l'architecture feinte, et qu'il serait choquant de percer sur un mur une perspective qui supposerait le spectateur à une place impossible et qui dès lors serait démentie par la construction environnante.

La part du sentiment demeure si grande en peinture, même lorsque la géométrie s'y installe, que tel grand peintre s'est cru permis d'employer *deux lignes d'horizon* dans un seul tableau et s'est fait pardonner cette licence. Paul Véronèse en a usé dans les *Noces de Cana*, en considérant la ligne d'horizon non plus comme une ligne sans épaisseur, mais, au contraire, comme une zone qui permettrait deux points de concours, l'un plus élevé que l'autre. Véronèse l'a fait pour deux raisons : d'abord parce que la haute architecture du tableau eût présenté des lignes trop plongeantes, dont la direction vers un seul point eût été précipitée et sans grâce ; ensuite parce qu'en présence d'un tableau si vaste, rempli d'épisodes et sans unité rigoureuse, puisqu'il ne devait exprimer que la joie générale et l'agréable désordre d'un festin où Jésus lui-même ne joue que le rôle d'un convive, le spectateur devait s'intéresser successivement aux différents groupes et se promener devant la toile plutôt que de mettre son œil au point de vue.

Le *point de distance*, celui qui marque la distance du spectateur au tableau, est encore soumis à l'empire du sentiment. Baltasar Peruzzi, et Raphaël, au dire de Lomazzo (*Trattato della Pittura*), pensait « que l'artiste qui peut peindre la façade d'une maison dans une rue étroite n'est pas tenu de représenter les objets selon la distance de la muraille opposée, mais qu'il doit les dessiner suivant une distance imaginaire, supposée plus grande, et qui serait égale à trois fois la hauteur de la façade, sans quoi les figures peintes sembleraient trébucher et tomber en arrière, *traboccare e cadersi addosso* ». Aujourd'hui, c'est une règle consacrée pour les dessinateurs qui ont à mettre en perspective l'intérieur d'une chambre ou d'une galerie, de le dessiner non pas tel qu'ils le voient, mais tel qu'ils le verraient s'ils pouvaient reculer à une distance qui suppose le renversement du mur auquel ils s'appuient. Bien que cette distance soit arbitraire, il la faut assez grande dans tous les cas pour que le spectateur puisse embrasser l'ensemble du tableau d'un coup d'œil, sans remuer la tête, faute de quoi les objets rapprochés du cadre subiraient ces déformations monstrueuses qu'on appelle, en perspective, des *anamorphoses*. Une colonne, par exemple, montrant sa base vue d'en haut et son chapiteau vu d'en bas, serait un membre d'architecture méconnaissable par la brusque diminution du chapiteau, qui semblerait tomber en dedans, et de la base, qui semblerait tomber en dehors. Chacun a pu remarquer les déformations angulaires que présentent les photographies du palais de la Bourse, à Paris. Pour éviter de pareilles déformations et avoir une vue agréable du monument, il aurait fallu au photographe une reculée que les constructions environnantes rendaient impossible. Cette reculée, le peintre se la procure fictivement par les méthodes de la perspective, qui lui permettent de rectifier ce qu'il voit, en le dessinant comme il le verrait d'une distance convenable. Quant au photographe qui veut avoir un portrait fidèle, sans diminution des extrémités, il faut, selon MM. Babinet et de la Gournerie, qu'il place son objectif à dix mètres du modèle.

Non, la vérité mathématique n'est pas de même nature que la vérité pittoresque. Aussi bien, il arrive à tout moment que la géométrie dit une chose et que notre âme en dit une autre. Si je vois un homme à cinq pas, son diamètre apparent est double de ce qu'il était quand je le voyais à dix pas : la science l'affirme et elle ne se trompe point; cependant cet homme me paraîtra toujours de la même grandeur, et l'erreur de mon âme sera aussi infaillible que la vérité du géomètre. C'est là un mystère que les mathématiques n'expliqueront point, comme Voltaire l'observe dans la *Philosophie de Newton*. « Quelque supposition que l'on fasse, dit-il, l'angle sous lequel je vois un homme à cinq pas est toujours double ou environ de l'angle sous lequel je le vois à dix pas, et ni la géométrie ni la physique ne résoudront ce problème. » Il faut, en effet, autre chose que la physique et la géométrie pour expliquer comment le témoignage de nos yeux est contredit à ce point par un arrêt du sentiment, et comment une vérité incontestable peut être vaincue par un mensonge irrésistible.

L'*angle optique*. L'angle dont parle ici Voltaire est l'angle optique. On appelle ainsi l'angle formé par deux rayons visuels qui vont du centre de l'œil aux extrémités de l'objet vu. L'ouverture de l'angle optique dépend de la distance du spectateur au tableau, car plus un objet se rapproche de notre œil, plus notre œil s'ouvre pour le voir. Mais cet angle ne saurait être plus grand que l'angle droit ; en d'autres termes, le plus grand espace que l'œil puisse embrasser est compris dans le quart de la circonférence. En peinture, toute représentation doit être vue sous un seul angle optique, ou, comme dit Léonard de Vinci, d'une seule fenêtre : *la pittura deve esser vista da una*

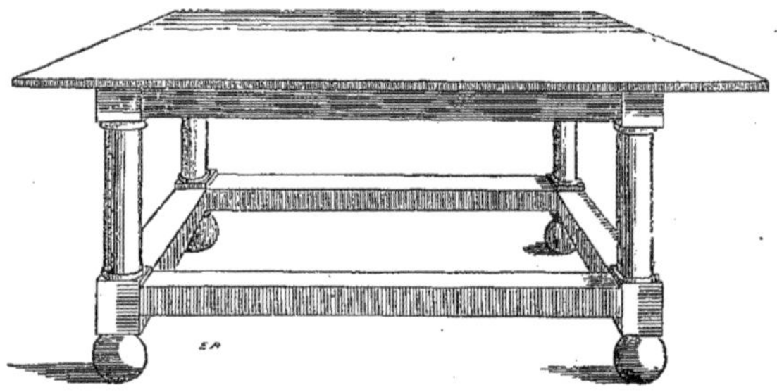

sola finestra. Par cette fenêtre de l'œil, notre esprit ne peut embrasser qu'un seul tableau à la fois. Encore les rayons visuels qui le lui transmettent sont-ils d'une force très inégale. Le seul rayon puissant est celui qui est perpendiculaire à la rétine, tous les autres s'affaiblissent à mesure qu'ils s'éloignent de ce rayon normal, de sorte que plus l'angle est ouvert par le rapprochement du spectateur, plus il contient de rayons faibles ; plus l'angle se rétrécit par la distance de l'objet, plus il contient de rayons puissants. Aussi les personnes qui ont la vue basse sont-elles portées à cligner les yeux afin de concentrer leur vision en rapprochant les rayons extrêmes, qui sont faibles, du rayon normal, qui est seul fort.

Mais, tandis que les rayons obliques deviennent plus faibles, les objets en s'éloignant se rapetissent, de même qu'ils se décolorent et se confondent. Ainsi, l'homme ne saurait voir dans leur véritable grandeur, autrement dit, *en géométral*, que les choses qui sont perpendiculaires à sa rétine et à la distance voulue, car le *géométral*, c'est l'image d'un objet vu par un œil aussi grand que lui, dans sa dimension réelle ; tout ce qui est plus grand que notre œil est vu *en perspective*, c'est-à-dire dans sa dimension apparente.

Étrange et bienfaisante illusion, qui témoigne à la fois de notre petitesse et de notre grandeur ! Il n'est sans doute que l'œil de Dieu qui puisse voir l'univers en géométral ; l'homme, dans son infirmité, n'en saisit partout que des raccourcis. Toutefois, comme si la nature entière lui était soumise, il y promène son regard intelligent, et chacun de ses mouvements faisant varier son point de vue, les lignes viennent d'elles-mêmes y concourir et lui former un spectacle toujours changeant, toujours nouveau. La perspective est, pour ainsi parler, l'idéal des choses visibles, et il n'est pas surprenant que le vieux maître italien Uccello en ait vanté la douceur. Mais cet idéal, comme l'autre, nous échappe sans cesse et nous fuit. Toujours à la portée de nos regards, il est toujours insaisissable. A mesure que l'homme s'avance vers son horizon, son horizon recule devant lui, et les lignes qui paraissaient se réunir au plus profond du lointain demeurent éternellement séparées dans leur convergence éternelle. De sorte que l'homme porte en lui comme une poésie mobile qui obéit à la volonté de ses mouvements, et qui semble nous avoir été donnée pour voiler la nudité du vrai, pour corriger la rigueur de l'absolu, et pour adoucir à nos yeux les lois inexorables de la divine géométrie.

CHAPITRE II

THÉORIE DE LA COULEUR

LES LOIS DU COLORIS

CHAPITRE II

THÉORIE DE LA COULEUR

LES LOIS DU COLORIS

Ici encore nous nous contenterons de faire un extrait important sur la Théorie de la couleur et les lois du coloris, exposées avec une très grande clarté par le savant collaborateur du Dictionnaire encyclopédique de P. Larousse, sauf à en déduire, dans tout le cours de notre traité, les conséquences pratiques en ce qui concerne le Paysage.

Voici donc comment il s'exprime :

... Il est nécessaire que l'artiste, même le mieux doué, fasse une étude attentive des lois du coloris ; cette étude, insuffisante pour inculquer le sentiment profond de la *couleur*, fournira à celui qui le possède naturellement les indications les plus précieuses, de même que l'étude de la versification fournit au poète les moyens de traduire ses inspirations suivant telle ou telle forme usitée. M. Charles Blanc, dans sa belle *Grammaire des arts du dessin*, a exposé ces lois avec une remarquable clarté. Nous ne pouvons mieux faire que de résumer ici ce beau travail.

Il y a trois *couleurs* génératrices ou primaires, le jaune, le rouge et le bleu, et trois *couleurs* composites ou binaires, l'orangé, le vert et le violet. Or, la lumière blanche contenant les trois *couleurs* génératrices, chacune de ces couleurs sert de complément aux deux autres pour former l'équivalent de la lumière blanche. On a donc appelé *complémentaire* chacune des trois *couleurs* primitives par rapport à la *couleur* binaire qui lui correspond. Ainsi le bleu est complémentaire de l'orangé, parce que l'orangé, se composant de jaune et de rouge, contient les éléments nécessaires pour restituer la lumière blanche. Par la même raison, le jaune est complémentaire du violet, et le rouge est complémentaire du vert. Réciproquement, chacune des *couleurs* mixtes, orangé, vert et violet (produites par le mélange de deux *couleurs* primitives), est la complémentaire de la *couleur* primitive non employée dans le mélange : ainsi l'orangé est la complémentaire du bleu, parce que le bleu n'est pas entré dans le mélange qui a formé l'orangé. Cela posé, si l'on combine deux des *couleurs* primaires, le jaune et le bleu, par exemple, pour en composer une *couleur* binaire, le vert, cette *couleur* binaire atteindra son maximum d'intensité si on la rapproche de sa complémentaire qui est le rouge. De même, si l'on combine le jaune et le rouge pour en composer l'orangé, cette *couleur* binaire sera exaltée par le voisinage du bleu. Enfin, si on combine le rouge et le bleu pour en composer le violet, cette *couleur* binaire sera exaltée par le voisinage immédiat du jaune. Réciproquement, le rouge mis à côté du vert en paraîtra plus rouge ; l'orangé surexcitera le bleu et le violet fera briller le jaune. C'est l'exaltation réciproque des *couleurs* complémentaires juxtaposées que M. Chevreul a nommé « la loi du contraste simultané des couleurs ». Mais un phénomène étrange, c'est que ces mêmes *couleurs* qui s'exaltent par leur juxtaposition se détruisent par leur mélange. Si vous mettez du vert sur du rouge à quantités égales et à égales intensité, les deux *couleurs* seront annihilées l'une par l'autre, et il n'en restera qu'un gris absolument incolore. Il en sera de même si vous mêlez, à l'état d'équilibre, du bleu avec de l'orangé ou du violet avec du jaune. Cet anéantissement des *couleurs* est ce qu'on appelle *achromatisme*. Il se reproduit également lorsqu'on mêle ensemble, à égale dose, les trois *couleurs* primaires : jaune, rouge et bleu.

Les *couleurs* complémentaires ont d'autres vertus, non moins merveilleuses que celles de s'exalter ou de s'entre-détruire. « Mettre une *couleur* sur une toile, dit M. Chevreul, ce n'est pas seulement teindre de cette *couleur* tout ce qu'a touché le pinceau, c'est encore colorer de la complémentaire l'espace environnant ; ainsi un cercle rouge est entouré d'une légère auréole verte qui va s'affaiblissant à mesure qu'elle s'éloigne ; un cercle orangé est entouré d'une auréole bleue ; un cercle jaune est entouré d'une auréole violette, et réciproquement. » Déjà cette belle observation avait été faite par Gœthe et par Eugène Delacroix. Erckmann raconte (*Conversations de Gœthe*) que, se promenant dans un jardin avec le philosphe, par une belle journée d'avril (1829), comme ils regardaient des crocus jaunes qui étaient en pleine fleur, ils remarquèrent que leurs regards, en se reposant sur le sol, y apercevaient des taches violettes. « A la même époque, dit M. Charles Blanc, Eugène Delacroix, occupé un jour à peindre une draperie jaune, se désespérait de ne pouvoir lui donner l'éclat qu'il aurait voulu, et il se disait : « Comment donc s'y prennent Rubens et Véronèse pour trouver de si beaux jaunes et les obtenir aussi brillants? » Là-dessus il résolut d'aller au Musée du Louvre et il envoya chercher une voiture. C'était vers 1830 ; il y avait alors dans Paris beaucoup de cabriolets peints en jaune serin ; ce fut un de ces cabriolets qu'on lui amena. Au moment d'y monter, Delacroix s'arrêta court, observant à sa grande surprise que le jaune de la voiture produisait du violet dans les ombres. Aussitôt il congédia le cocher, et, rentrant chez lui tout ému, il appliqua sur-le-champ la loi qu'il venait de découvrir, à savoir : que l'ombre se colore toujours légèrement de la complémentaire du clair, phénomène qui devient surtout sensible lorsque la lumière du soleil n'est pas trop vive et que nos yeux, comme dit Gœthe, portent sur un fond propre à faire bien voir la *couleur* complémentaire. »

Ce n'est pas tout encore : si l'on mêle deux *couleurs* complémentaires à proportions inégales, elles se détruisent partiellement et l'on aura un ton rompu qui sera une variété du gris. Composez, par exemple, un mélange où il entre 10 de jaune et 8 de violet, il y aura destruction de *couleurs* ou achromatisme pour les 8 dixièmes ; mais les deux autres dixièmes formeront un gris qui sera nuancé de jaune, parce qu'il y aura eu un excédent de jaune dans le mélange. Ainsi se composent toutes les innombrables variétés de *couleurs* que l'on appelle *rabattues*, et qui sont des excédents d'achromatisme, comme si la nature employait pour ses colorations ternaires la destruction des *couleurs*, de même qu'elle se sert de la mort pour entretenir la vie.

« La loi des complémentaires une fois connue, poursuit

M. Charles Blanc, avec quelle sûreté va procéder le peintre, soit qu'il veuille pousser à l'éclat des *couleurs*, soit qu'il veuille tempérer son harmonie, soit qu'il cherche à la rendre mordante et fière par les brusques rapprochements qui conviennent à une scène guerrière ou tragique ! Je suppose qu'il faille rabattre dans son tableau un vermillon criard, l'artiste instruit des lois de la *couleur*, au lieu de salir au hasard ce vermillon pour en adoucir l'âpreté, l'abaissera par une addition de bleu et suivra ainsi, sans tâtonnement, la marche de la nature. Mais, sans même toucher à une *couleur*, on peut la fortifier, la soutenir, l'apaiser, la neutraliser presque, en opérant sur ce qui l'avoisine. Si l'on juxtapose deux *couleurs* semblables à l'état pur, mais à divers degrés d'énergie, comme du rouge foncé et du rouge clair, on obtiendra tout ensemble un contraste par la différence d'intensité et une harmonie par la similitude des teintes. »

Ces lois, ces principes n'avaient pas échappé à Gœthe. Dans son *Traité des couleurs*, l'illustre écrivain a émis la théorie suivante, que nous résumons d'après un savant travail publié par M. Faivre dans la *Revue contemporaine*. « Pour atteindre à la perfection dans l'art du coloris, dit Gœthe, l'artiste doit considérer les effets moraux des *couleurs*, leurs effets physiologiques, leur nature technique, enfin l'influence qu'exercent sur elles les circonstances extérieures. Les *couleurs* agissent sur l'âme ; elles peuvent y exciter des sensations, y éveiller des émotions, des idées qui nous reposent ou nous agitent, et provoquent la tristesse ou la gaieté. Un ciel bleu, des arbres verts, disposent notre âme aux joyeuses pensées et au repos ; d'autres couleurs la portent à la mélancolie et aux tristes souvenirs. » Gœthe a analysé avec détails ces effets moraux des *couleurs*. Les teintes claires réjouissent, les teintes sombres disposent à la gravité. Le jaune clair a de l'éclat, de la chaleur, de la noblesse. Le jaune pur est désagréable ; c'est une teinte à laquelle s'attache le ridicule. Le rouge jaune est chaud et actif ; il rappelle l'éclat resplendissant d'un soleil couchant. Le jaune rouge éblouit et fatigue. Le bleu obscur calme et repose la vue ; il s'accompagne d'une sensation de froid, d'ombre, d'éloignement. Nous aimons le bleu, comme nous aimons un objet agréable qui s'éloigne et nous fuit. Le violet, plus lumineux, nous réjouit davantage. Le rouge s'associe à une impression de dignité, de gravité et de puissance. Quant au vert, il nous attache avec un irrésistible attrait. Ces effets moraux varient avec l'âge, le sexe, le caractère, l'état social. Les peintres, dans leurs compositions, doivent tenir compte de toutes ces circonstances. « Les *couleurs* que nous donnent les corps, dit Gœthe, ne sont pas, pour l'organe visuel, quelque chose de complètement étranger ; l'œil est essentiellement actif et toujours en état de produire lui-même les *couleurs* ; il doit donc éprouver un sentiment agréable lorsque quelque impression, conforme à sa nature intime, lui arrive du dehors. Une *couleur* isolée fait naître dans l'œil la tendance vers la totalité et l'harmonie. »

Gœthe a tiré de ses principes sa théorie sur la loi des *couleurs* complémentaires dont il a été question ci-dessus. Il a été jusqu'à prétendre que les associations de *couleurs* sont en harmonie avec les caractères, les âges, les sexes, les nationalités ; les couleurs énergiques plaisent aux enfants ; les vieillards recherchent de préférence les teintes violettes et sombres ; chaque nation adopte plus volontiers une *couleur* qui soit en rapport avec son caractère. La vivacité française aime les *cou-*

leurs brillantes; la tranquillité de l'Anglais et de l'Allemand recherche de préférence le jaune foncé et le bleu sombre; le rouge charme davantage les Italiens et les Espagnols. Cette théorie n'est pas absolument exacte; il est certain, par exemple, que les peintres anglais, ceux de ce temps-ci particulièrement, ont une affection très prononcée pour les *couleurs* les plus crues, les plus éclatantes. Mais Gœthe a bien raison lorsqu'il dit que, pour atteindre la perfection du coloris, l'artiste doit s'exercer à mettre les *couleurs* en harmonie avec la nature et la position des objets qu'il représente. La coloration d'un objet sera complète, achevée, si elle exprime la nature physique de l'objet, la place qu'il occupe, la disposition de la lumière et de l'ombre, le ton de l'ensemble. Quant à la lumière physique de l'objet, le peintre apprendra à la représenter, s'il s'attache au réel; et il ne peindra pas le sapin comme le chêne, le coton comme la laine, les tissus de soie comme les étoffes de velours. La perspective fournira à l'artiste des principes pour l'intelligence de la théorie si délicate du clair-obscur, des règles pour la position absolue ou relative des objets, le groupement suivant les plans rapprochés ou éloignés. A la perspective, l'artiste doit joindre le *coloris caractéristique* et le *coloris harmonique*. Le coloris caractéristique exprime les harmonies de l'objet et des sentiments; il peut être puissant, doux ou éclatant. Le coloris harmonique consiste dans un ensemble de teintes qui produisent sur la rétine une impression agréable. Le ton, dans le coloris, est une teinte générale jetée sur l'image et destinée à en faire ressortir l'unité; le ton se retrouve en musique comme en peinture; il est, soit à la *couleur*, soit au son, ce que le caractère est à l'âme, ce que le tempérament est au corps. « Que le peintre, ajoute Gœthe en terminant ces considérations, se pénètre bien des règles que nous avons posées; c'est par l'harmonie de la lumière et de l'ombre, l'observation de la perspective, l'emploi de la coloration vraie et caractéristique, qu'un tableau peut être considéré comme achevé au point de vue du coloris. »

Il n'y a rien à ajouter à ce résumé, la Théorie s'en dégage nette et précise, et nous allons en trouver l'application dans le chapitre qui a trait au mélange des couleurs.

CHAPITRE III

DU MATÉRIEL D'ATELIER
ET DE CAMPAGNE

CHEVALETS — BROSSES — BOITES A COULEURS, ETC.

CHAPITRE III

DU MATÉRIEL D'ATELIER

ET DE CAMPAGNE

CHEVALETS. — BROSSES. — BOITES A COULEURS, ETC.

Chevalets. — Le chevalet d'atelier le plus commode est le chevalet droit à vis de métal, se remontant et descendant à l'aide d'une manivelle : solide et pouvant par conséquent supporter de grandes comme de petites toiles, même avec leurs cadres, il a en outre l'avantage de présenter le tableau perpendiculairement au sol, ce qui donne la meilleure position pour travailler.

Le même système, perfectionné, présente deux faces avec pupitre pour le dessin, l'aquarelle ou tous autres travaux à main posée.

Les chevalets de campagne les plus généralement

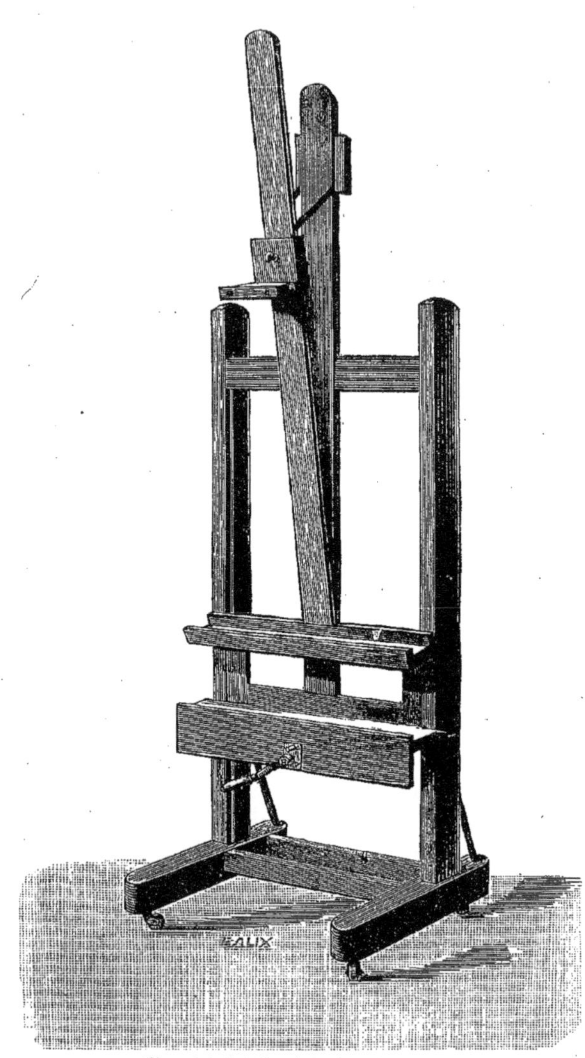

Chevalet d'atelier à double planchette.

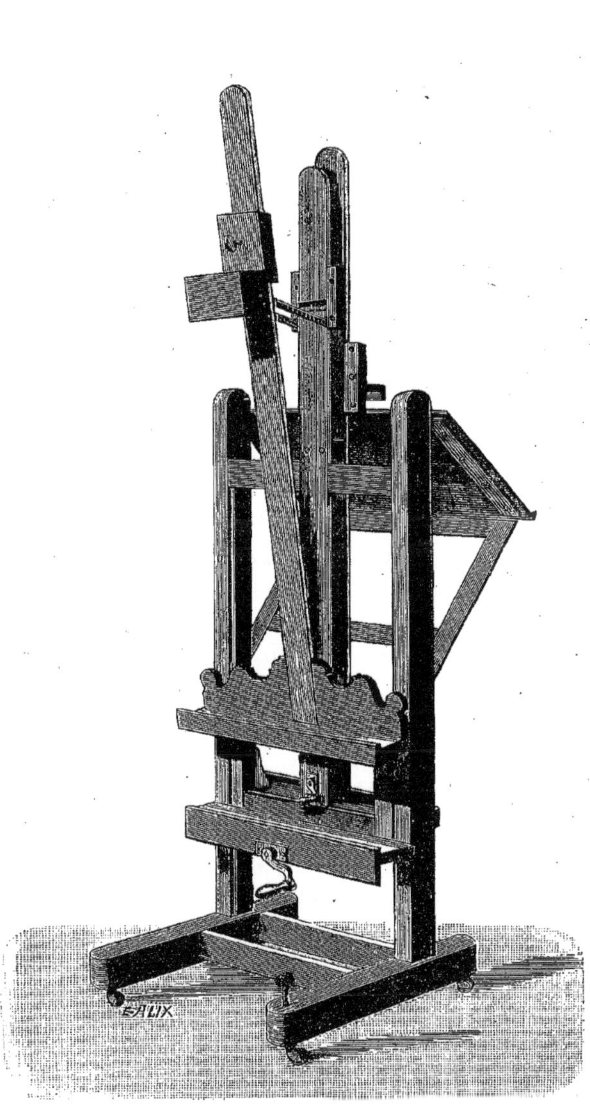

Chevalet d'atelier à patins, à double face et pupitre.

adoptés aujourd'hui sont ceux à branches brisées glissant sous coulisseaux de cuivre et permettant de s'installer commodément sur un sol inégal.

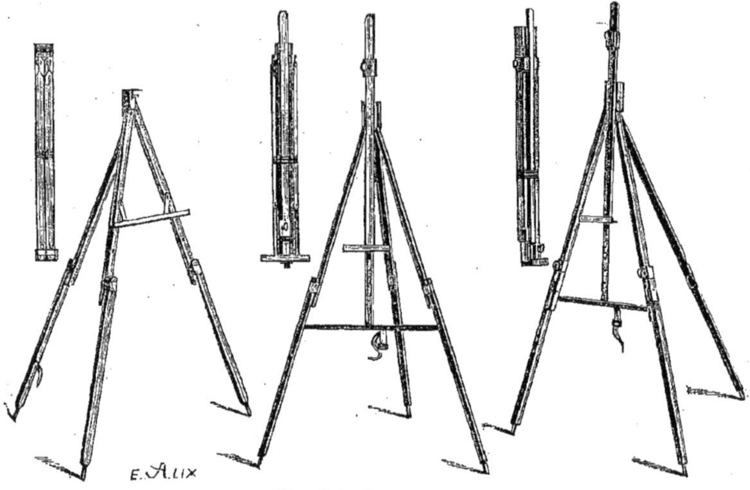

Chevalets de campagne.

Couleurs et Boîtes à couleurs. — Les couleurs à l'huile se trouvent aujourd'hui si bien préparées chez tous les marchands, qu'aucun artiste ne songe à les préparer lui-même. Nous recommanderons seulement de ne pas négliger de remettre le bouchon sur le tube après s'en être servi et d'en rouler l'extrémité à mesure qu'on extrait la couleur, afin d'éviter qu'elle ne sèche.

Trois boîtes à couleurs sont, à mon avis, nécessaires à l'amateur de Paysage :

1° La boîte dite d'étude, à coulisses, qui peut servir à l'atelier et sur nature ;

2° La boîte de paysage à palette brisée, parce qu'elle compose avec le pliant et le parasol un bagage peu encombrant ;

3° La boîte à pouce, soit de 19 c. × 10 c., soit de

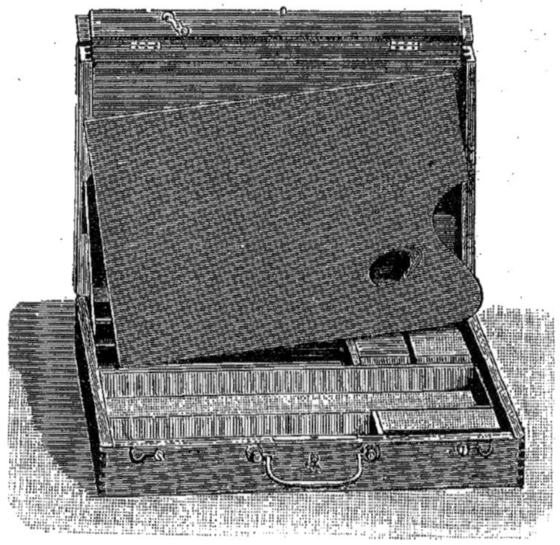

Boîte de paysage.

25 c. × 15 c., indispensable pour les pochades ou les effets fugitifs qu'il faut saisir rapidement, et qu'on ne saurait rendre avec exactitude, même relative, sur de plus grandes dimensions.

Nous devons aussi mentionner le coffret d'atelier, véritable meuble, qu'on peut rendre aussi artistique que

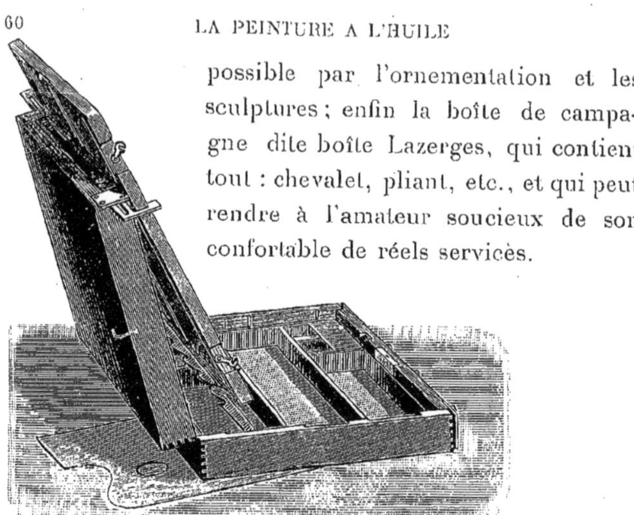

possible par l'ornementation et les sculptures ; enfin la boîte de campagne dite boîte Lazerges, qui contient tout : chevalet, pliant, etc., et qui peut rendre à l'amateur soucieux de son confortable de réels services.

Boîte de campagne à coulisses.

Pinceaux et Brosses. — On doit peindre le plus souvent à la brosse ; aussi faut-il avoir au moins dix brosses pour deux pinceaux. Les numéros les plus courants sont le 4, le 6, le 10 et le 12.

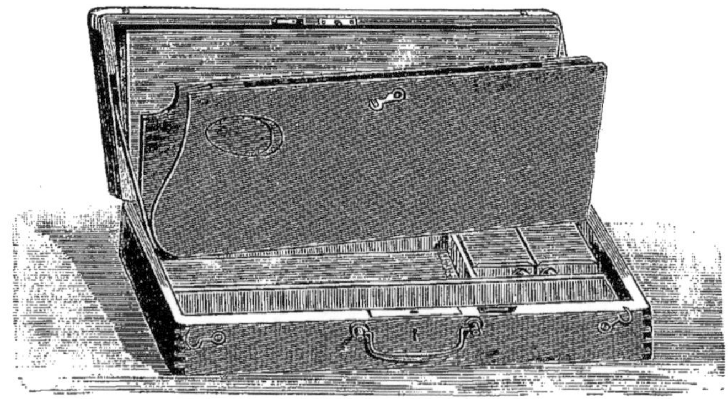

Demi-boîte de campagne.

Les pinceaux doivent être un peu forts de panse afin d'éviter la sécheresse dans certaines lignes et certains détails, particulièrement les branches : toutefois le pinceau à filets n° 1, très long de poils, est souvent nécessaire pour dessiner finement.

Avant l'usage, pinceaux et brosses doivent avoir trempé quelques heures dans l'eau afin que les poils se

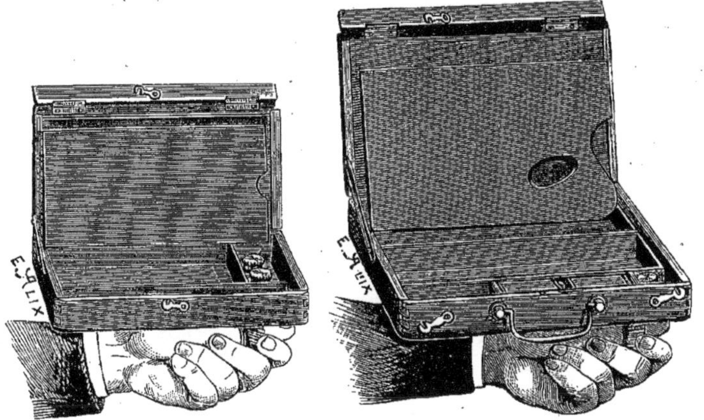

Boites à pouce.

regonflent, autrement ils se cassent et adhèrent au travail. Je ne puis passer sous silence l'emploi du blaireau et de la brosse-éventail, lesquels ont leur utilité mais présentent aussi bien des inconvénients.

Le blaireautage rend le travail mou : il nuit donc au relief et à la fermeté d'un paysage : aussi ne doit-on s'en servir que pour les eaux et quelquefois dans les ciels, pour obtenir un fondu qui donnera de la profondeur.

La brosse-éventail, qu'on fait aussi à dentelés ou interruptions, sert à quelques artistes contemporains

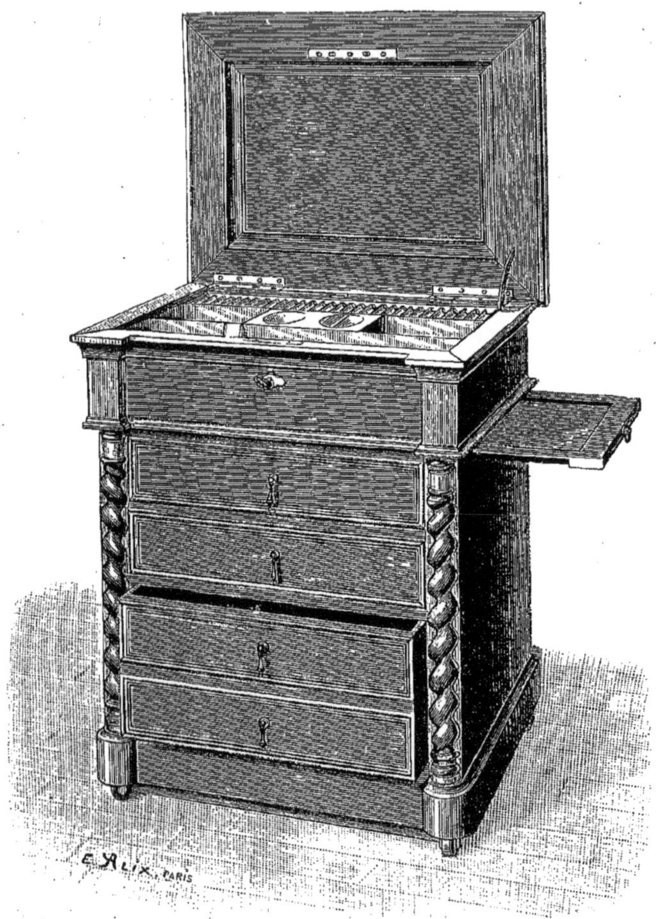

Meuble d'atelier.

pour l'exécution des herbes du premier plan et des feuillages. On doit en user très sobrement, sous peine de tomber dans le maniérisme et le convenu.

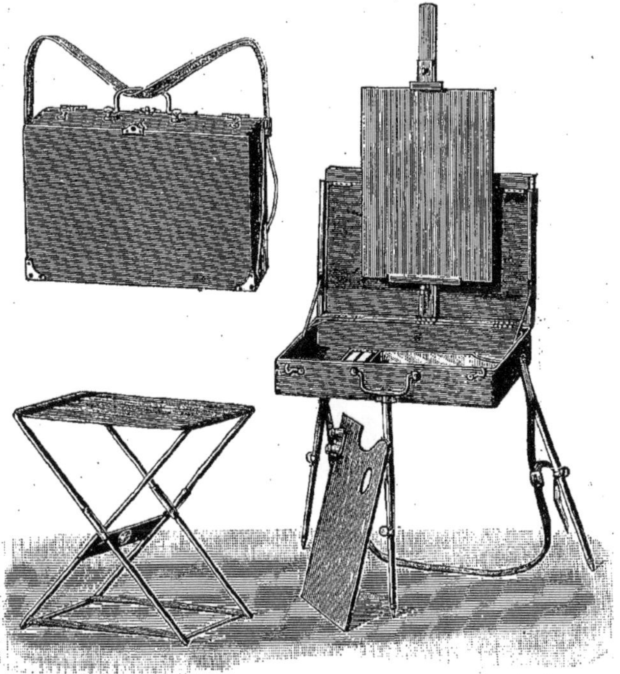

Boîte Lazerges.

La Palette. — La palette de bois, et surtout de noyer, est la meilleure : elle doit toujours être en parfait état et nettoyée à fond après chaque séance : aussi est-il urgent d'en avoir toujours deux en service afin de pouvoir transporter de l'une à l'autre l'excédent propre des couleurs de la palette dont on vient de faire usage, et passer celle-ci à l'essence. Beaucoup d'artistes vous diront que c'est là un soin superflu, qu'un simple coup

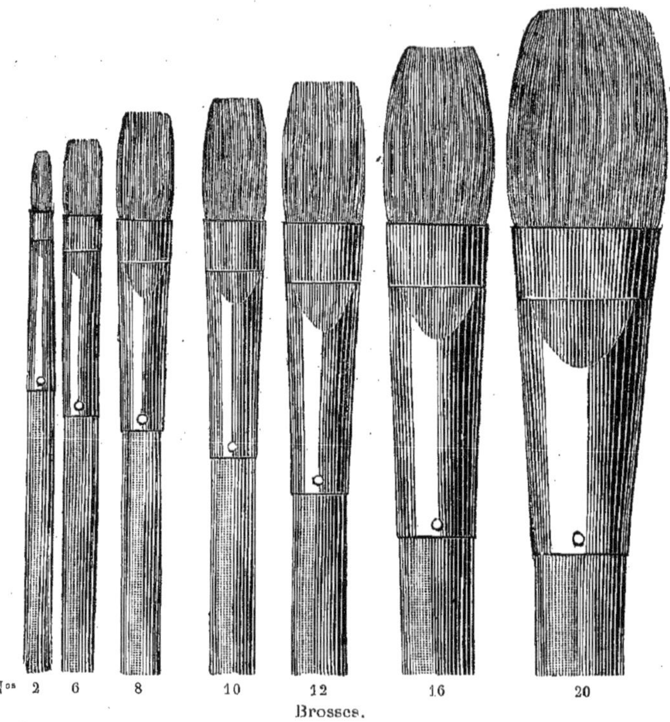

Brosses.

de chiffon suffit : n'en croyez rien : cette méthode, qui s'appuie sur la négligence et n'a nulle raison d'être, a le tort de compliquer au commerçant la difficulté de la recherche des tons, parce qu'il reste toujours sur la palette une gamme fausse servant de fond au ton que l'on cherche et qui en ternit tout l'éclat.

A l'atelier il ne faut pas craindre les palettes un peu grandes, et la palette Diaz est surtout fort commode pour les grandes toiles.

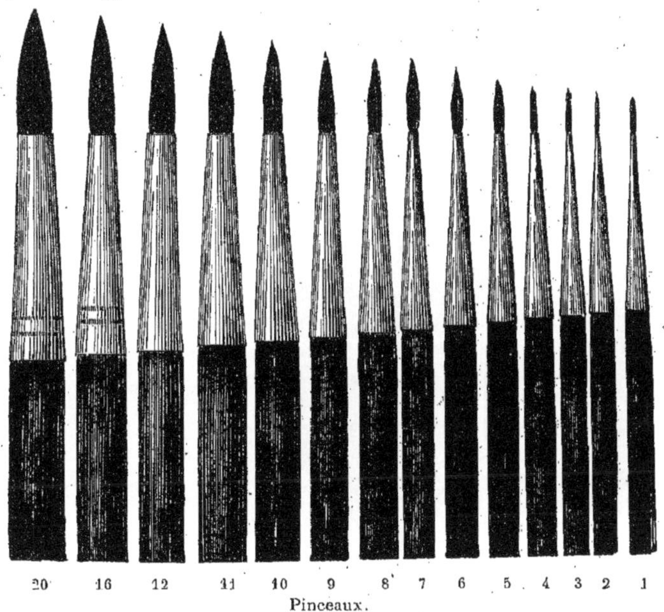

Pinceaux.

Appuie-main et couteaux à palettes. — L'usage de l'appuie-main est presque indispensable pour la peinture, et si je l'ai rejeté bien loin pour le dessin, afin d'obtenir une grande sûreté de main, je crois qu'on ne peut guère s'en passer pour peindre avec la même sûreté. A l'atelier, l'appuie-main d'une seule pièce en bois blanc suffit : pour la campagne, on devra se munir de l'appuie-main brisé à viroles de cuivre : toutefois, d'après nature, la masse des brosses tenue avec la

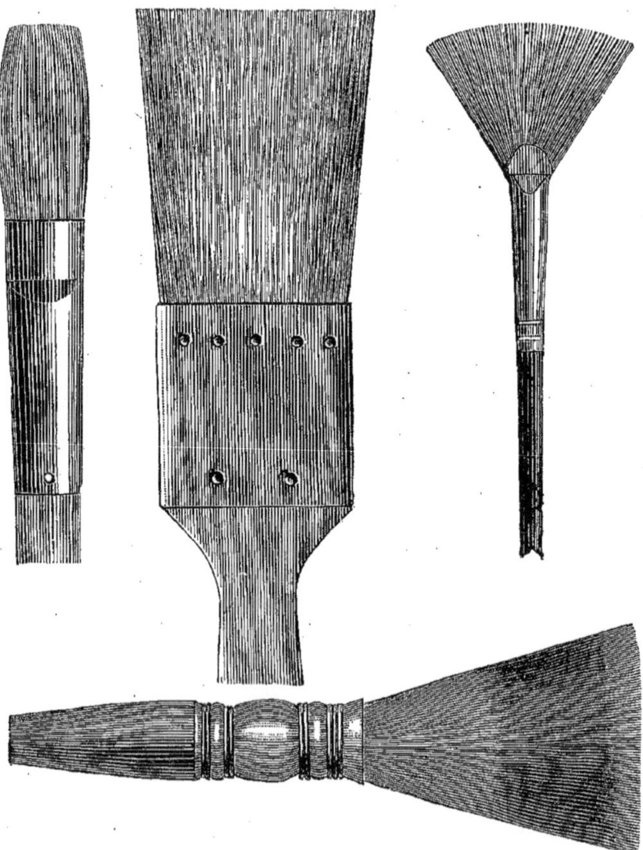

Brosses plates dites queue de morue. — Brosses en éventail. — Blaireau.

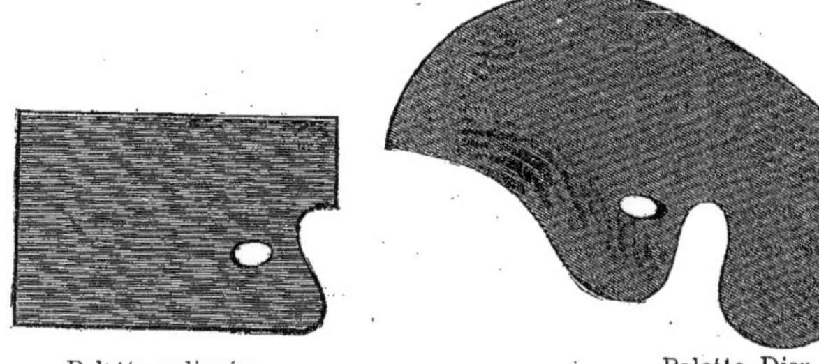

Palette ordinaire. Palette Diaz.

palette sert le plus souvent d'appuie-main. Deux couteaux à palettes, l'un en forme de truelle pour relever la couleur, l'autre droit, pour malaxer la couleur.

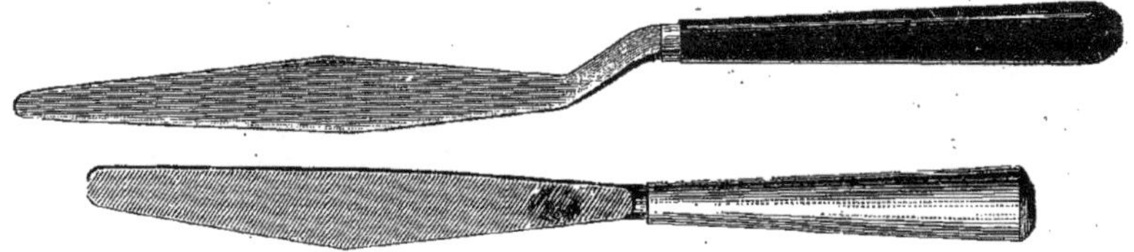

Couteaux à palette.

Huiles, essences, siccatif. — Pour la peinture de paysage, où il faut simplifier le matériel le plus possible, puisqu'on doit le transporter souvent, on peindra le plus souvent à l'huile, c'est-à-dire en délayant la couleur, lorsqu'on la trouve trop épaisse, avec de l'huile d'œillette blanche, décolorée. Une pointe de siccatif de Courtrai ou de siccatif flamand lorsque vous employez des laques aidera à la dessiccation, mais il faut éviter le plus possible l'emploi des siccatifs partout où il entre du blanc et des terres. Beaucoup d'artistes préparent une sauce siccative composée de deux parties d'huile, une partie de siccatif qu'ils placent sur la palette dans des godets dits inversables : usez de ce mélange avec grande modération, car, à moins de produits extrêmement purs, et ils sont biens rares, les tons, et en particulier les verts clairs, changent en quelques jours.

Il arrive souvent qu'après avoir laissé reposer quelques jours une toile peinte à l'atelier, la couleur se recouvre d'une teinte mate ou d'un voile qui en obscurcit l'aspect.

C'est ce qu'on nomme l'*embu*. Cet embu disparaît sitôt le tableau verni ; mais on peut avoir auparavant quelques

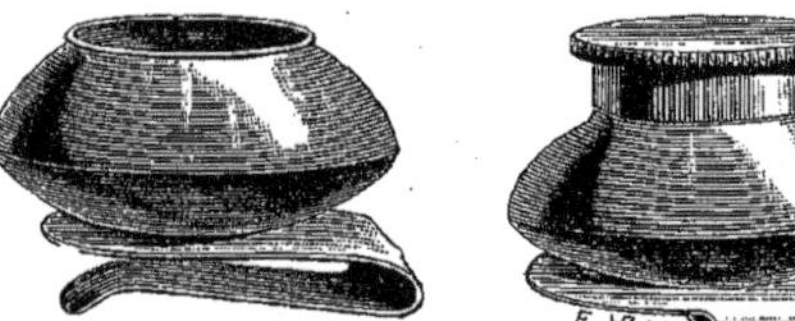

Godet.

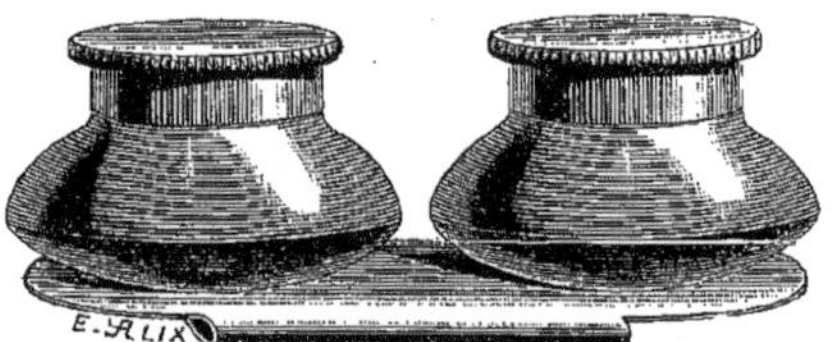

Double godet.

retouches à faire, une reprise générale même, et c'est alors qu'il est bon de se servir de la pâte tempera de Rubens, produit très supérieur au medium de Robertson qu'on employait autrefois. On l'emploie très sobrement en imbibant un chiffon et en le passant simplement sur les parties embues, puis on fait les retouches, en mêlant la pâte tempera aux couleurs. Quelques artistes emploient dans le même but la pâte cristal qui rend les mêmes services, mais qui sert plutôt à diluer les couleurs, comme les sauces siccatives, pour les préparations en frottis. Quand le tout est bien sec, on passe le vernis final à la brosse dite queue de morue. Il est très important que le vernis soit très blanc et de première qualité : autrement il bleuit facilement et au bout de peu de temps il faut l'enlever, opération toujours délicate, pour vernir à nouveau. Enfin une recommandation importante est d'avoir toujours à ses côtés un large pot à essence ou pincelier pour nettoyer les pinceaux et les brosses, à chaque ton, durant le travail.

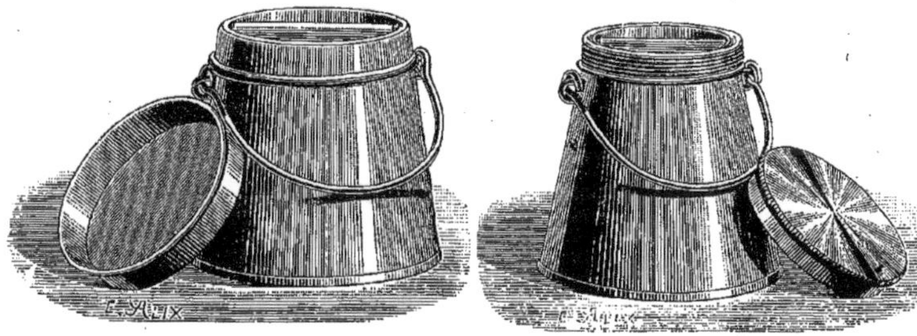

Pinceliers.

Le Parasol. — Le parasol à tige brisée est un outil rigoureusement indispensable au Paysagiste. Je sais bien que son poids toujours trop lourd empêche souvent l'amateur de l'emporter avec lui ; aussi ai-je souvent tourmenté les fabricants afin de leur en faire réduire le poids le plus possible, et construire des parasols tout spéciaux pour les dames et les jeunes filles, lesquels serviraient tout aussi bien aux amateurs. Il est rare en effet que l'amateur s'embarque par un mauvais temps ; il n'a donc nul besoin d'un parasol d'une solidité à toute épreuve, pouvant résister à la pluie et aux grands vents. Il suffit pour obtenir toute la légèreté désirable, d'en faire diminuer les ferrures d'épaisseur, exactement comme on fait pour les piques de montagne qu'on remet aux dames lors des ascensions. Le parasol lui-même n'a pas besoin d'être très grand : souvent une ombrelle suffit à couvrir la toile et la palette. Le peintre n'a pas toujours besoin d'être abrité, surtout s'il a un chapeau de feutre noir, ce qui devrait être de règle. Quoi qu'il en soit, l'usage du parasol est indispensable, car, sans son abri, on ne voit point ce que l'on fait, et l'on est fort désagréablement surpris au retour de trouver son étude tout autre qu'on ne l'aurait pensé !

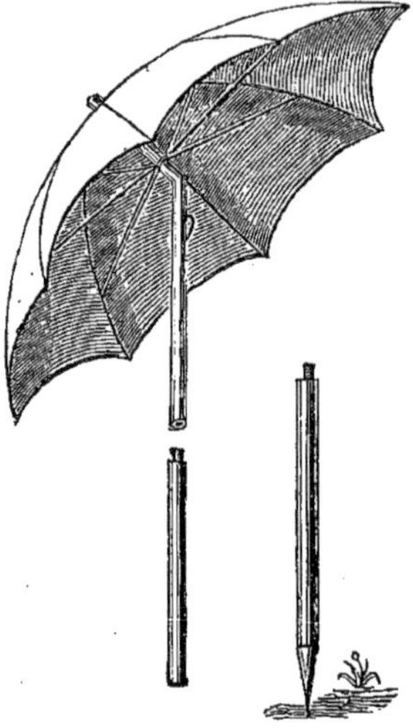
Le parasol.

Toiles et panneaux. — Je n'entrerai pas ici dans d'autres détails sur le côté matériel de la peinture, car je m'en rapporte à votre bon sens : soyez sobre de matériel, mais choisissez-le de bonne qualité, surtout pour vos toiles et panneaux : prenez de préférence un grain assorti à la grandeur de votre tableau. Jusqu'à la toile de dix (soit 55 c. sur 46 c.), prenez un grain fin. Au-dessus de cette mesure, prenez un grain un peu plus fort. Mais en tous cas ces toiles doivent être montées sur châssis à clef qui permettent de les retendre au besoin. C'est une bien grande erreur de croire que la préparation qui recouvre les toiles doit être absolument sèche. En cet état la peinture reste à la surface de la toile. Quand, au contraire, la préparation est plus récente, la peinture s'y incorpore complètement, et si la fraîcheur de la préparation occasionne quelques embus, il est toujours facile d'y remédier. Quant aux panneaux, à l'encontre de ce que nous venons de dire pour les toiles, la préparation doit en être parfaitement sèche, mais je crois qu'il ne faut guère les employer, vu leur prix élevé, que pour de petites dimensions, et cela d'autant plus que dès qu'ils atteignent une certaine grandeur, 50 centimètres par exemple, le parquetage devient presque indispensable. Mais on fait aujourd'hui d'excellents petits panneaux d'étude, minces, sans préparation, qui entre dans la boîte à pouce, précieux pour la pochade : leur petite dimension permet d'en emporter un certain nombre, et d'avoir ainsi la faculté de prendre dans une même journée plusieurs notes ou impressions.

Enfin j'ai remarqué que bien souvent en voyage les amateurs sont embarrassés pour se faire expédier les toiles dont ils n'ont pas prévu le besoin ; je donnerai donc ici la référence générale des toiles ou panneaux d'usage courant.

CHASSIS NUS ET TOILES TENDUES SUR CHASSIS

POUR LA PEINTURE A L'HUILE

Numéros des toiles	MESURE d'un côté invariable	DIMENSIONS					CHASSIS NUS		CHASSIS TENDUS									Numéros des toiles
		PORTRAIT	PAYSAGE		MARINE		Portrait, paysage et marine		TOILE ORDINAIRE			TOILE 1/2 FINE		TOILE FINE			
									Châssis carrés		Châs. ovale	Châssis carré		Châssis carré		Châss. ovale	
			haute	basse	haute	basse	ordin^re^ n. 110	à Clés n. 111	ordin^re^ n. 112	à Clés n. 113	ordin^re^ n. 114	ordin^re^ n. 115	à Clés n. 116	ordin^re^ n. 117	à Clés n. 118	à Clés n. 116	
							fr. c.	fr. c.	fr. c.	fr. c.	fr. c.	fr. c.	fr. c.	fr. c.	fr. c.	fr. c.	
1	11c5 sur	16c ou	14c		11c5		» 20	» 40	» 60	» 65	1 50	» 70	» 75	» 75	» 90	3 50	1
2	24.5 —	19 —	16		14		» 25	» 45	» 65	» 75	1 60	» 80	» 90	» 90	1 »	3 60	2
3	27 —	21.5 —	19		16		» 30	» 50	» 70	» 90	1 75	» 90	1 »	1 »	1 25	3 75	3
4	32.5 —	24.5 —	21.5		19		» 30	» 60	» 80	1 »	2 »	1 »	1 25	1 25	1 50	4 »	4
5	35 —	28.5 —	27	24	21.5	18.9	» 32	» 70	» 90	1 25	2 25	1 25	1 50	1 50	1 75	4 50	5
6	40.5 —	32.5 —	29.7	27	24	21.5	» 35	» 75	1 »	1 50	2 50	1 50	1 75	2 »	2 25	5 »	6
8	46 —	38 —	35.1	32.5	29.7	27	» 40	» 80	1 30	1 75	3 »	1 75	2 25	2 50	2 75	6 »	8
10	55 —	46 —	43.2	38	35.1	32.5	» 50	» 90	1 50	2 25	3 50	2 50	2 75	3 25	3 75	7 »	10
12	61 —	50 —	45.9	43.2	40.5	38	» 60	1 »	1 80	2 50	4 »	2 75	3 25	3 75	4 25	8 »	12
15	65 —	54 —	48.5	45.9	43.2	40.5	» 70	1 10	2 »	3 »	4 50	3 25	3 75	4 50	5 »	9 »	15
20	73 —	59.5 —	56.7	54	51.3	48.5	» 80	1 25	2 50	3 50	5 50	3 75	4 25	5 25	5 75	10 50	20
25	81 —	65 —	62.1	59	56.7	54	» 95	1 50	2 80	4 25	6 50	4 75	5 25	6 50	7 »	11 50	25
30	92 —	73 —	70.2	67.5	64.8	62.1	1 20	1 75	3 30	5 25	7 50	5 75	6 50	8 »	8 50	14 »	30
40	1.00 —	81 —	73		65		1 40	2 »	4 25	6 25	8 50	7 »	7 50	9 50	10 »	16 »	40
50	1.16 —	89 —	81		73		1 80	2 50	5 25	7 50	10 50	9 75	9 50	12 »	12 75	19 »	50
60	1.30 —	97 —	89		81		2 »	2 75	6 25	9 »	12 50	10 50	11 »	14 25	15 »	22 »	60
80	1.46 —	1.13.4 —	97		89		3 »	3 50	8 20	11 50		14 »	14 50	19 »	19 75		80
100	1.62 —	1.30 —	1.13.4		97		3 50	4 50	10 »	14 50		17 »	18 »	24 »	25 »		100
120	1.94 —	1.30 —	1.13.4		97		4 »	6 »	12 »	18 »		21 »	22 »	29 »	31 »		120

PANNEAUX ET CARTONS D'ÉTUDE

POUR LA PEINTURE A L'HUILE

NUMÉROS	DIMENSIONS	CARTONS		PANNEAUX bois blanc		PANNEAUX ACAJOU		
						MINCES		
		POCHADE lisses et à grains n° 124	D'ÉTUDE lisses et à grains n° 125	MINCES sans apprêt n° 126	FORTS apprêtés n° 127	Rebouchés n° 128	Apprêtés n° 129	FORTS apprêtés n° 130
		fr. c.	fr. c.	fr. c.	fr. c.	fr. c.	fr. c.	fr. c.
0	18 — 14	» 20	» 40	» 25	» 60	» 50	» 60	1 »
1	21.5 — 16	» 20	» 50	» 30	» 75	» 60	» 65	1 15
2	24.5 — 19	» 25	» 55	» 40	1 »	» 70	» 80	1 50
3	27 — 21.5	» 30	» 60	» 50	1 25	» 80	1 »	1 80
4	32.5 — 24.5	» 40	» 80	» 60	1 50	1 »	1 25	2 25
5	35 — 28.5	» 50	» 90	» 75	1 75	1 20	1 60	2 60
6	40.5 — 32.5	» 65	1 25	1 »	2 25	1 75	2 25	3 50
8	46 — 38	» 75	1 50	1 25	2 50	2 25	2 80	4 50
10	55 — 46	1 15	2 25		3 25	3 »	3 50	6 »
12	61 — 50	1 25	2 50		4 »		4 »	8 »
15	65 — 54	1 60	3 25		5 »		5 »	10 »
20	73 — 59.5	2 15	4 25		6 »			15 »
25	81 — 65	3 »	6 »		9 »			18 »

GRANDS PANNEAUX EN ACAJOU D'UNE SEULE PIÈCE OU PARQUETÉS

RÉF.	NUMÉROS	12	15	20	25	30	40	50	60
		fr. c.	fr. c.	fr. c.	fr. c.	fr. c.	fr. c.	fr. c.	fr. c.
131	D'une seule pièce....	8 »	10 »	15 »	18 »	20 »	25 »	30 »	40 »
132	Parquetés............	18 »	20 »	25 »	30 »	36 »	45 »	55 »	70 »

CHAPITRE IV

DES COULEURS ET DES VERNIS

CHAPITRE IV

DES COULEURS ET DES VERNIS

Nous avons dit quelques mots sur les huiles et siccatifs au chapitre précédent; mais on a beaucoup parlé, en ces temps derniers, de l'importance de la bonne qualité des couleurs et des vernis; le spirituel artiste, G. Vibert fit, il y a quelques années, à l'École des Beaux-Arts, un cours spécial sur les procédés matériels de la peinture, qui obtint un très vif succès. La publication de ces leçons sous le titre: « *La Science de la Peinture* », a fait l'objet d'un volume intéressant pour les artistes et les curieux; mais, pour l'amateur, nous ne pensons pas qu'il doive s'arrêter outre mesure à ces recherches scientifiques en ce qui concerne les couleurs, puisqu'il trouvera dans le commerce des produits tout préparés, l'usage n'étant plus aujourd'hui de broyer ses couleurs;

à l'instar des maîtres anciens. L'industrie moderne a fait d'assez réels progrès pour nous dispenser de ce soin, et la vie est assez courte pour n'y chercher que le charme et laisser à d'autres les soucis matériels. Adoptez donc une bonne marque, assurez-vous que votre marchand mérite votre confiance, et n'allez pas plus loin.

Pour vous rendre compte de la fixité de vos couleurs, échantillonnez les tons sur une plaque de verre ou même sur une toile, et conservez en tubes celles qui vous auront servi à faire ces échantillons; au bout de six mois répétez la même opération à côté de la première et comparez : en un si court espace de temps vos tons doivent très peu changer si vous les avez tenus dans un jour discret.

Mais si j'attache peu d'importance, jusqu'à plus ample informé, pour l'amateur, à la stricte observation des règles de chimie préconisées par l'éminent professeur pour les couleurs, j'avoue qu'en ce qui concerne les vernis, je trouve la découverte, car c'en est une, véritablement admirable et je pense qu'on ne saurait trop en faire ressortir l'importance et la sécurité complète qu'elle apportera dans la conservation des tableaux. Il y a donc ici intérêt très sérieux, autant pour le véritable artiste que pour le plus modeste amateur. Voici à ce sujet un extrait des Leçons de M. G. Vibert :

VERNIS A RETOUCHER

Les embus ne doivent plus jamais gêner le peintre pendant l'exécution de son tableau, puisqu'avec un léger frottis du *Vernis à retoucher* on peut les faire disparaître à mesure qu'ils se produisent.

Ce vernis, séchant en quelques minutes, on peut repeindre immédiatement par dessus, et comme il forme un lien solide entre les couches de peinture superposées, il est même très nécessaire de ne jamais repeindre un endroit qui n'en serait pas préalablement recouvert.

Il peut être mélangé aux couleurs pour faire des glacis rapides, mais il est trop volatil pour être employé à peindre en pleine pâte.

Pour cet usage on se servira du *Vernis à peindre*.

VERNIS A PEINDRE

Ce vernis, que l'on doit avoir dans le godet de la palette, s'emploie pour peindre, en le mêlant, à l'aide du pinceau, avec les couleurs dont il augmente la fluidité, l'éclat et la solidité.

Il est d'un excellent usage pour les glacis et, n'étant pas plus siccatif que l'huile, il permet de modeler longtemps dans la pâte fraîche. Il remplace le vernis à retoucher, dans tous les cas où l'on désire reprendre dans le mouillé au lieu de repeindre à sec.

Tous ces vernis sont composés de pétroles épurés, plus ou moins volatils, ne laissant aucun résidu après leur évaporation, et de matières solides, absolument solubles dans l'huile à froid.

De sorte que soit que l'on peigne par dessus, soit qu'on les mêle directement aux couleurs, ces matières sont toujours pénétrées par l'huile, s'y dissolvent facilement, et faisant complètement corps avec elle, lui donnent beaucoup plus de résistance, sans lui retirer de sa souplesse et sans gêner son travail de rétrécissement. De plus, ces vernis rendent le séchage de la peinture plus prompt et plus égal, par un phénomène qu'une courte explication fera comprendre.

L'huile pour sécher a besoin de s'oxygéner. Livrée à elle-même, elle emprunte de l'oxygène à l'air. Si elle est additionnée de siccatif, c'est celui-ci qui récolte l'oxygène pour le transmettre à l'huile, ce qui va beaucoup plus vite ; mais en tout cas, le contact de l'air est toujours nécessaire.

Lorsque la première pellicule s'est formée à la surface, ce contact n'ayant plus lieu qu'à travers les pores de l'huile sèche, le séchage des couches profondes se trouve naturellement d'autant plus retardé que cette pellicule s'épaissit.

Or, parmi les matières que contiennent ces vernis se trouve une assez grande quantité d'oxygène dans un état chimique qui le rend très facilement assimilable à l'huile ; celle-ci peut donc s'oxygéner sans le secours de l'air et sécher beaucoup plus vite et d'une façon égale à toutes les profondeurs.

Il est encore utile d'expliquer que tous les vernis à retoucher et tous les glutens, pommades ou siccatifs que l'on a jusqu'à présent introduits dans la peinture à l'huile, à part qu'ils jaunissent et noircissent considérablement, ont le grave défaut d'être en grande partie composés de substances insolubles dans l'huile à froid, ce qui fait que les couches successives de couleurs sont séparées par des lames isolantes et que l'huile avec laquelle ces douleurs sont broyées se trouve divisée par des matières étrangères inégalement réparties, qui sèchent plus vite qu'elle et deviennent très vite plus dures et plus cassantes.

Il s'ensuit que l'huile, qui en séchant se rétracte, ne peut plus faire son travail régulièrement, au milieu de tous ces obstacles ; il se produit alors des solutions de continuité qui déterminent des gerçures et des craquelures qui vont toujours en augmentant à mesure que le travail de l'huile se produit. et ce travail de rétrécissement de l'huile dure... des années !

Ces accidents ne sont pas conjurés par le vernis final, puisque les causes persistent dessous. Souvent même ils en sont augmentés, car le vernis apporte lui-même une nouvelle résistance, s'il n'est pas parfaitement souple, et il craque à son tour quand il est trop sec.

Il faut donc apporter le plus grand soin au choix du vernis à tableaux.

VERNIS A TABLEAUX

Le vernis final que l'on étend sur le tableau terminé a pour but, tout en donnant de l'éclat et de la transparence aux couleurs, de les préserver du contact direct des impuretés qui se déposent à sa surface, ainsi que des gaz répandus dans l'atmosphère. Et cela, sans entraver le travail incessant de rétrécissement et de dilatation de l'huile, du bois et de la toile.

Il faut donc, pour que ce but soit atteint, que ce vernis reste incolore et transparent, qu'il soit toujours à la fois résistant et souple ; qu'il puisse se laver quand il est encrassé et qu'enfin, lorsqu'on veut l'enlever, on le puisse faire sans endommager la peinture.

Or, tous les vernis employés jusqu'à ce jour jaunissent, plus ou moins, en vieillissant. Ils bleuissent à l'humidité, poissent à la chaleur, craquent, se gercent et avec le temps finissent toujours par blanchir et devenir opaques. On ne peut les laver, lorsqu'ils sont sales, sans les abîmer, puisqu'ils ne supportent pas l'humidité. Il faut les renouveler, et l'on ne peut les enlever qu'en les usant au doigt, ou en les détrempant avec de l'alcool et de l'essence de térébenthine.

Tous ces procédés, quelques soins que l'on prenne, attaquent toujours un peu la peinture, si bien qu'après plusieurs dévernissages un tableau est à moitié détruit.

Beaucoup d'amateurs connaissent ce danger ; aussi préfèrent-ils souvent conserver leurs tableaux enfumés, presque invisibles sous des vernis détériorés, que de risquer l'aventure.

Le vernis que je propose joint à toutes les qualités requises, qui sont la non coloration, la transparence, la résistance et la souplesse, le grand avantage de pouvoir être nettoyé avec une éponge imbibée d'eau et de vinaigre aussi souvent qu'on le désire, sans en être en rien altéré : ce qui permet d'entretenir les tableaux dans un continuel état de propreté, absolument nécessaire à leur bonne conservation.

Le pétrole, avec lequel est fait ce vernis, s'évaporant moins vite que l'essence, rend le vernissage beaucoup plus facile, en permettant à l'opérateur d'étendre sa couche plus longuement, sans que pour cela le séchage en soit retardé, au contraire, car ce vernis est complètement sec au bout d'une heure environ. Enfin, comme il ne contient aucune matière visqueuse, il ne poisse pas pendant des journées entières, engluant toutes les poussières en suspension dans l'air.

En effet, le grand avantage des vernis au pétrole est qu'on peut les enlever sans crainte pour la peinture.

Or, ceci présente un intérêt capital, si l'on songe que c'est là une opération périodiquement indispensable, tout tableau se couvrant de poussière et de crasse, quelque précaution que l'on prenne.

Pour le dévernissage, il faut, à mon avis, proscrire absolument la méthode du déroulage au doigt, cette opération présentant toujours un danger, si la peinture n'est pas rigoureusement lisse : on conçoit, en effet, que la pulvérisation des résines qui entrent dans la composition des vernis, donnant une poudre qui forme ponce, touche l'épiderme de la peinture et finit toujours par l'attaquer, quelque précaution que l'on prenne. Or, répétez l'opération plusieurs fois, il ne restera rien de l'aspect primitif ; quant aux glacis tendres, ils auront disparu dès la première opération. Donc pour la conservation des tableaux, les vernis au pétrole sont incontestablement supérieurs ; mais combien plus encore ils le seront, lorsque les couleurs elles-mêmes seront broyées à l'huile de pétrole : alors véritablement s'établira l'homogénéité parfaite entre la peinture et la glace artificielle formée par le vernis, qui recouvre cette peinture pour la préserver du contact de l'air.

L'*Essence de pétrole* rectifiée, décolorée, désinfectée et préparée spécialement pour la peinture à l'huile, s'évapore rapidement sans laisser aucun résidu, n'épaissit ni ne noircit comme l'essence de térébenthine qu'elle remplace dans tous ses usages, et n'a aucune action sur les couleurs. Elle sert au nettoyage *des brosses* et des pinceaux.

L'*Huile essentielle de pétrole*, préparée comme l'essence de pétrole, remplace toutes les huiles qu'on ajoute aux couleurs et s'évapore lentement sans laisser aucun résidu.

Beaucoup moins volatile que l'essence, elle s'emploie aux mêmes usages chaque fois que l'on veut empêcher une dessiccation trop prompte.

Les Allemands nous ont précédés dans cette voie, il faut bien le reconnaître, mais avec des pétroles insuffisamment rectifiés et qui ne remplissent pas le but, à cause de cette infériorité de leurs produits. La théorie n'en éclate pas moins évidente ; c'est à nos industriels de perfectionner et d'arriver à bien, par ce que j'appellerai l'honnêteté absolue de leur fabrication.

Pour le moment, nous devons nous contenter des couleurs broyées à l'huile existant actuellement dans le commerce. Or, le choix des couleurs mères à adopter est d'une importance capitale ; aussi est-ce après maintes recherches et bons conseils que nous pouvons vous donner ici la désignation d'une bonne palette de paysagiste, en vous engageant sincèrement à n'en point sortir.

Sur une palette d'étude, vingt couleurs sont amplement suffisantes pour peindre ; elles devront se ranger de droite à gauche sur la palette dans l'ordre suivant :

1° Blanc d'argent.	11° Terre d'ombre.
2° Jaune de Naples.	12° Brun rouge.
3° Chrome clair.	13° Laque de garance claire.
4° Cadmium.	14° Laque de garance foncée.
5° Ocre jaune.	15° Vert émeraude.
6° Jaune indien.	16° Cobalt.
7° Vermillon.	17° Outremer.
8° Ocre de Rhu.	18° Bitume.
9° Sienne naturelle.	19° Noir ivoire,
10° Sienne brûlée.	20° Bleu minéral.

Je le répète, cette palette, simple par elle-même, me paraît répondre à tous les besoins du paysagiste ; libre à vous de compléter ou de modifier cette palette dans la suite. On remarquera qu'il n'y figure qu'un vert ; et ce vert émeraude est réservé autant que possible pour la composition des gris ou la vibration de la lumière avec les blancs et les jaunes ; les verts, de quelque nature qu'ils soient, sont toujours dangereux, parce qu'ils invitent à la paresse : on s'habitue à s'en servir comme base d'un ton qui le plus souvent est faux, par cela même qu'il n'est pas assez cherché ou qu'il est trouvé à peu près avec une trop grande facilité, tandis qu'au contraire, si vous avez dû le chercher vous-même, sa composition se grave dans votre mémoire, et vous arrivez, avec un peu d'exercice, à le retrouver, suivant le besoin, avec une grande facilité.

J'entreprendrai tout de suite la composition des verts à l'aide de la palette que je viens d'indiquer.

Un ton vert peut présenter les différents caractères suivants :

Il peut être : 1° vigoureux et froid ; alors on le rend par un mélange de noir d'ivoire, de chrome clair et une pointe de bleu de Prusse. Dans les explications que je donnerai sur le mélange des couleurs, je placerai toujours en premier lieu la couleur fondamentale du ton, et ce que nous appellerons une pointe de couleur indiquera qu'il faut simplement toucher du bout de la brosse la couleur placée sur la palette. En général, le mélange de trois couleurs se fait dans la proportion de trois à un, c'est-à-dire trois fois autant de la première indiquée que de la dernière, et deux fois autant de la deuxième ; s'il n'y a que deux couleurs dans le ton, la proportion est de deux à un. Il est bien entendu néanmoins que ces proportions n'ont rien d'absolu ; vous devrez les modifier avec intelligence jusqu'à ce que vous parveniez au ton juste.

Il arrive souvent qu'en cherchant un ton sur la palette, on a beaucoup de peine à l'obtenir, bien qu'on se serve exactement des couleurs voulues ; cela tient à ce qu'il y a un calcul mental à faire, qui est le résultat d'un peu d'expérience : un ton, en effet, ne vaut que par rapport à un autre déjà mis qui le fait valoir ; il sera donc nécessaire dans vos premières copies d'essayer le ton sur votre tableau chaque fois que vous le préparez, et peu à peu vous vous habituerez à transporter mentalement le ton auprès d'un autre, dans les proportions ordinaires. Ce ton froid, ainsi obtenu, sera dur à l'œil ; on pourra rendre sa crudité, tout en lui laissant le caractère froid, en touchant simplement du bout de la brosse la terre de Sienne naturelle qu'on ajoutera au premier mélange.

2° Le vert peut être vigoureux et chaud ; alors, en opérant comme ci-dessus, on le rendra avec le bleu minéral, le noir d'ivoire et l'ocre jaune ; si l'on veut obtenir de la transparence, on remplacera l'ocre jaune par le jaune indien.

3° Le vert peut être clair et froid ; il se rendra par un mélange de cobalt et de chrome clair, ce qui donne le clair ; et, en ajoutant un peu de bleu minéral, il sera froid.

4° Le vert clair et chaud s'obtient avec l'outre-mer et le jaune de chrome auquel on ajoute un peu de jaune indien.

On remarquera qu'un mélange, pour obtenir un ton quelconque, se compose toujours au moins de trois couleurs, dont la dernière ne fait qu'atténuer ce que le mélange obtenu par les deux premières pourrait avoir d'un peu dur.

5° Le vert gris, et j'appelle ainsi les verts éclairés par reflet, certains verts des saules, etc., se rend avec un mélange de cobalt, d'outremer et de blanc d'argent et un peu de jaune de Naples.

6° Enfin, le vert brillant du feuillage au soleil se rend par un mélange en parties égales de jaune indien et de chrome clair auquel on ajoute une pointe presque insensible de bleu minéral. Vous remarquerez vite dans l'emploi de votre palette que le bleu minéral est la couleur qui développe le plus, et, par conséquent, chaque fois que vous aurez à vous en servir, vous devrez toujours essayer le ton sur une très petite quantité et avoir soin surtout de n'en salir votre brosse qu'à l'extrémité. Du reste, contrairement à ce qui se pratique en aquarelle, on ne doit jamais peindre avec la panse de la brosse ; l'extrémité seule doit toucher la toile. Il y a plus : lorsqu'on arrive à posséder suffisamment le métier, on doit peindre uniquement avec la couleur qu'on a ramassé sur la palette à l'extrémité du pinceau et qu'on applique ainsi directement sur la toile, en sorte que la brosse elle-même y touche à peine.

DES TONS GRIS

Moins nombreux que les tons verts, les gris se divisent en deux catégories : le gris chaud s'obtient avec le blanc, le bitume et le noir et un peu d'ocre jaune ; si la coloration doit être très chaude, on ajoutera un peu de terre de Sienne brûlée. Ce dernier cas arrive lorsque le ton qui se trouve à côté et qui le fait valoir ou qu'il doit faire valoir est lui-même un ton chaud.

Il y a plusieurs manières de procéder pour les tons gris : celle qui consiste à partir du ton froid, blanc et noir, et à le modifier ensuite en le rompant avec des ocres ou des laques ; ou bien on part d'un mélange de vert et de laque, qu'on diminue d'intensité suivant le ton à obtenir; ou, enfin, on part d'un ton brillant quelconque, en valeur et en harmonie avec son paysage, et on en fait un ton gris en le décolorant par l'addition d'une couleur complémentaire.

DES TONS ROUX

Les gris froids s'obtiennent avec le blanc et les différents bleus, et même il arrive fréquemment qu'en se trouvant en contact avec un ton chaud, le blanc et le noir d'ivoire suffisent pour le rendre.

Les tons roux doivent, à notre avis, toujours être chauds, car, lorsqu'on essaie de les rendre froids, on tombe facilement dans le violet, écueil dangereux en paysage. Ces tons qui s'emploient surtout dans les effets d'automne, se divisent en deux catégories, savoir : 1° les tons clairs, qui se rendent par un mélange d'ocre jaune, de chrome clair et de terre de Sienne brûlée ; 2° les tons foncés, qui se composent à peu près des mêmes couleurs dans des proportions inverses, plus le noir d'ivoire. Voilà les deux principes généraux des tons roux ; mais, pour les multiplier et obtenir ainsi de la variété, il suffira de changer les proportions dans les couleurs indiquées.

L'effet d'automne présente par lui-même une grande

monotonie, si l'on ne sait le voir avec une certaine finesse d'observation, mais alors la coloration se dégrade progressivement, suivant les distances, et c'est pourquoi la variété devient nécessaire dans les tons roux.

DES TONS BLEUS

Le bleu, qui ne s'emploie pour ainsi dire que dans les ciels, se rend, s'il est froid, par un mélange de blanc d'argent, de cobalt et une pointe de laque, mais rarement par le blanc et le bleu seul. S'il est d'un ton chaud, il se rendra par le blanc d'argent, le bleu minéral, une pointe de vermillon et même d'ocre jaune.

L'ocre jaune prendra un peu plus d'importance dans le mélange si l'on veut obtenir un ton bleu un peu vert, comme il arrive souvent dans les lointains ou derniers plans d'un ciel.

DU BLANC

Le blanc dans aucun cas ne doit être employé pur, car il est par lui-même un ton neutre et sec qui n'a aucune valeur; les tons qui se trouvent à côté de lui étant le résultat de mélanges, il doit lui-même être toujours obtenu à l'aide d'un mélange. S'il est froid, on y ajoute une pointe de noir d'ivoire ou de bitume; s'il est chaud, on y ajoutera de la Sienne brûlée; s'il est brillant, de l'ocre jaune; enfin, le blanc d'argent et le jaune indien ou le cadmium vous donneront la note la plus brillante qu'on puisse obtenir par un ton blanc.

Dans les ciels, le vert émeraude et la laque rose ou de garance donnent au blanc un brillant particulier, plein d'air et de lumière surtout pour les lointains.

CHAPITRE V

CE QU'ON DOIT PEINDRE A L'ATELIER

LA NATURE MORTE
LE DESSIN ET LES VALEURS
IDÉE DE L'ARRANGEMENT ET DE LA COMPOSITION

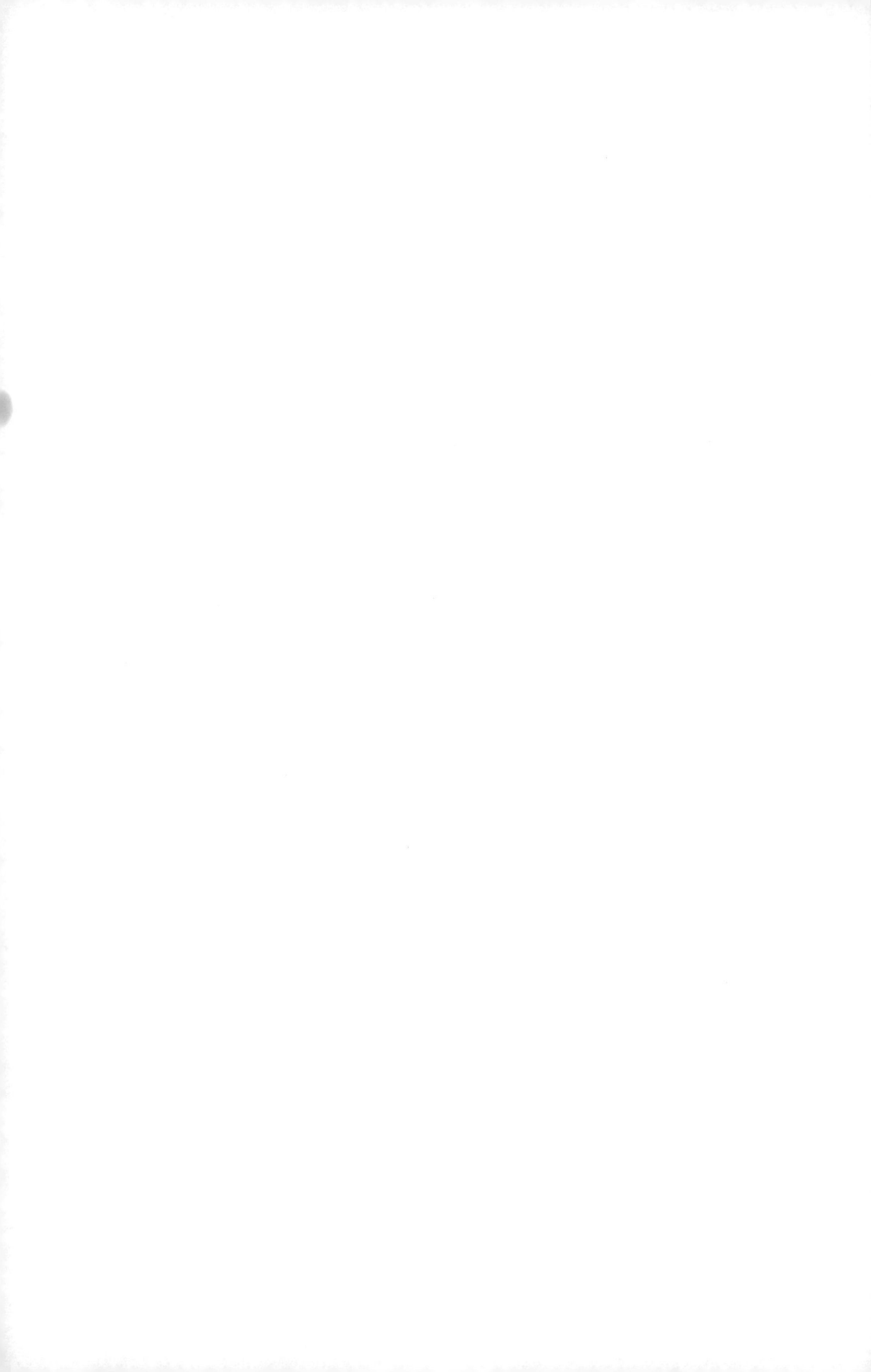

CHAPITRE V

CE QU'ON DOIT PEINDRE A L'ATELIER

LA NATURE MORTE. — LE DESSIN ET LES VALEURS. — IDÉE DE L'ARRANGEMENT ET DE LA COMPOSITION

Avant de vous rendre sur nature, et en paysage c'est au plus vite qu'il faut y arriver, il est cependant nécessaire de faire connaissance avec votre palette et de vous familiariser à la trituration des couleurs. Pour cela, ai-je dit, l'étude de la nature morte est, à l'atelier, le meilleur exercice à faire. Prenez d'abord un sujet simple formé d'une seule pièce ou trois au plus : un livre et un bocal ou un vase à fleurs ; un pot à tabac, un paquet de tabac et une pipe placés devant un fond très simple et de ton uni vous donneront encore un groupe facile à rendre. Vous commencerez par dessiner votre sujet au crayon blanc, le crayon de mine de plomb ou le fusain ayant l'inconvénient de modifier la coloration du ton que l'on posera ensuite, si, comme nous le verrons tout à l'heure, on ébauche d'emblée par des tons naturels, sans préparation au bitume ou à la Sienne brûlée, comme l'ont fait quelques peintres, et cela surtout pour les tons clairs.

Vous devez autant que possible avoir dans votre boîte un fil à plomb jusqu'à ce que votre œil soit assez habile pour le supposer entre vous et l'objet à copier. A l'aide de ce fil à plomb, vrai ou supposé, vous indiquerez les points principaux dans le sens vertical, et de cette façon les objets porteront bien d'aplomb sur le plan horizantal du tableau ; ils ne danseront point à droite ni à gauche.

Après avoir établi une première esquisse à grands traits et par angles, vous devrez, avant de commencer à peindre, chercher votre dessin un peu finement. Bien des artistes vous diront : On dessine à mesure qu'on peint et comme on peint. Cela ne laisse point que d'être vrai, mais seulement pour l'artiste dont les études de dessin auront été sérieuses et soutenues avant qu'il ait songé à peindre. Or, comme je suppose ici l'amateur n'ayant point eu le temps de prolonger ses études de dessin et cherchant à peindre pour son seul agrément, je ne puis admettre tous ces dictons d'atelier. Dessinez donc le plus que vous pouvez : un quart d'heure employé à une bonne mise en place vous sera une économie de temps très sensible quand vous peindrez, croyez-le bien, et mieux vaudrait encore rapporter chez vous une silhouette bien campée, ne vous donnant que l'effet au point de vue de la coloration, plutôt qu'une étude plus colorée avec quelque malencontreuse faute de dessin, l'orthographe du peintre. Il y a un principe dont la vérité n'est pas discutable : c'est que le dessin sauve tout.

LA CHAMBRE CLAIRE

Je vous conseillerai, si vous n'êtes pas sûr de votre dessin, surtout dans vos premiers essais, l'emploi de la chambre claire, non point précisément pour dessiner machinalement votre sujet, car je pense que tout ce qui est procédé ou ficelle doit être rejeté, mais pour vous servir de professeur et vous donner des indications de mise en place. L'emploi de la chambre claire demande, du reste, une étude assez longue pour en bien posséder la pratique. L'instrument, vacillant avec facilité au moindre mouvement, ne doit, en réalité, servir que pour établir des points de repère qu'on relie ensuite par le dessin. D'après nature, la chambre claire indique bien nettement la silhouette d'un paysage, en affirme la perspective et l'importance des premiers plans.

Toutefois je vous engage plutôt à vous servir d'un miroir noir qui, réfléchissant les objets dans un cadre restreint, en accuse davantage l'effet. De plus, on voit dans le miroir noir une image parfaitement nette de son motif, ce qui permet d'en indiquer l'esquisse avec sûreté et de se rendre compte de ce que sera le tableau.

Des miroirs disposés pour la poche rendent ce procédé facile. Pourtant il faut, quand on se sert de ces instruments, ne les prendre que comme auxiliaires ou comme conseils.

En effet, pour que le miroir noir vous soit un aide utile, vous devez le consulter d'abord, puis exécuter votre mise en place et mettre à l'effet : après quoi, reprenant votre miroir, vous vérifiez si vous n'avez pas commis quelque faute, perspective ou autre : l'erreur vous sautera aux yeux, et sans autre recherche, vous saurez ce qu'il faut rectifier pour devenir exact.

L'étude étant ainsi dessinée ou mieux indiquée au crayon blanc, on la dessinera définitivement à l'aide du pinceau à filet avec un ton de Sienne brûlée et un peu de blanc, triturés à l'essence et très légèrement pour ne point former d'épaisseur. Puis on commencera par le fond, en peignant toujours légèrement et en frottis, à l'aide de la sauce siccative. Peindre un fond en pleine pâte est une des grandes difficultés de la peinture ; quelques maîtres seuls ont procédé de cette manière ; mais l'amateur doit l'éviter. C'est par frottis, par tons rompus et très transparents qu'il doit procéder, s'il veut obtenir de la distance et de l'air entre le fond et les objets placés devant. M. E. Hareux, dans son très consciencieux *Traité de Peinture à l'Huile*, conseille avec juste raison de mélanger et fondre les couleurs plutôt sur la toile que sur la palette, afin de ne point boucher le ton ; cela s'applique exclusivement au fond, car, pour les objets le ton doit être cherché d'une manière nette et précise sur la palette et posé sur la toile d'une touche franche qui affirme d'un seul coup la forme et la couleur. Le fond ainsi préparé devra donner la valeur juste, sauf à y revenir plus tard lorsque le tableau sera complètement préparé, par des glacis et des demi-pâtes, mais cela seulement lorsque le tout sera bien en valeur. Et, puisque ce mot de valeur vient par deux fois sous notre plume, expliquons-nous à ce sujet.

Le dessin est connu : c'est communément la silhouette exacte de la forme d'un objet quelconque rendue par un trait figuré : mais il doit rendre aussi l'esprit de cette forme, ses épaisseurs, sa construction intime, et, dans ce but, lorsqu'il s'agira de présenter les objets en relief, le dessin serait insuffisant s'il ne s'appuyait sur les valeurs relatives des tons d'ombre et de lumière. On nomme donc valeur la différence relative des tons formés par les lumières et les ombres, en passant par les demi-teintes. Dans une grisaille, cette différence est très sensible puisque l'observation se fixe sur une seule couleur plus ou moins sombre, plus ou moins lumineuse ; mais dans un ensemble diversement coloré, la difficulté sera beaucoup plus grande puisqu'il faudra déterminer si une couleur est d'une tonalité plus ou moins intense qu'une autre, placée sous le même éclairage, et, dans ce cas, certaines relations sont très difficiles à déterminer, particulièrement dans les demi-teintes, où le ton local s'augmente du reflet des tons environnants. C'est en réalité la juste observation des valeurs qui constitue la véritable science de l'artiste, et qui, étant donnée la différence de vision de chaque individu, engendre la personnalité, l'originalité ; qu'il soit coloriste né, ou rebelle à l'impression des couleurs, peu importe ; la juste observation des valeurs peut faire de l'artiste un peintre, parfois même un maître peintre.

Ceci posé, on ébauchera l'ensemble de l'étude en commençant par les vigueurs qu'on dégradera pour obtenir le ton local, du plus foncé au plus clair jusqu'à la pleine lumière. Le ton appelé grand clair par les peintres est ordinairement le côté des objets frappé par la lumière directe, et pour peu qu'il ait une surface vernissée ou métallique comme la faïence, le verre, l'argent, le cuivre, il emprunte presque toujours à la coloration du ciel même perçu à travers la fenêtre d'éclairage : ainsi par un ciel bleu, sur une marmite de terre vernissée noire, le reflet de la fenêtre qui formera grand clair sera peint d'une touche de blanc, cobalt, vert émeraude à peine mélangés, et tirant dans la proportion de 10 de blanc pour 2 de cobalt, 1 de vert émeraude, et, si l'on en possède déjà le jeu, 1/10 de vermillon, ce mélange devant donner la plus intense lumière si les couleurs entrées les unes dans les autres par la juxtaposition opérée par les poils de la brosse ne sont pas diluées au point de perdre l'aspect de chacune d'elles. Il ne faut pas oublier en effet que presque toutes les couleurs s'exaltent par la juxtaposition et se détruisent par le mélange, dès qu'il en entre plus de deux dans la composition d'un ton : nous insistons beaucoup sur cette observation, car c'est la plupart du temps parce que l'amateur ternit le ton qu'il fait par une trituration trop prolongée sur la palette qu'il ne réussit point lors de ses premières études.

DU MÉLANGE DES COULEURS ET MANIÈRE DE PEINDRE

Lorsqu'une étude est bien préparée par l'ébauche, le mieux serait évidemment de la peindre en une seule séance, surtout pour les natures mortes où il entre des objets pouvant se faner ou se défraîchir, fleurs, fruits, légumes, poissons, etc... ; mais la difficulté est grande pour le débutant ; aussi doit-il conduire son étude de façon à pouvoir y revenir le lendemain ; à la première séance, il faut peindre très légèrement, non pas en frottis, comme pour le fond, mais en demi-pâte légère, juxtaposer les tons ainsi obtenus pour avoir, nettement délimités, les effets d'ombre et de lumière, sans trop se préoccuper de l'exécution des détails de second ordre. Sur cette préparation très complète donnant déjà, avec les valeurs, la coloration juste et vraie de chaque objet, vous revenez le lendemain, avec des pâtes fermes, et affirmez votre étude par une exécution franche et définitive, travaillant partout en même temps, pour ainsi dire, afin que votre aspect général conserve bien l'harmonie de la nature. Si vous avez eu soin d'employer à la première séance la sauce siccative mêlée aux couleurs, celles que vous appliquez à la reprise se superposent aisément, et d'autre part, comme douze à quinze heures ne suffisent pas à faire sécher une peinture, le second travail pénètre peu à peu dans le premier, et vos couleurs faisant bien corps ensemble, vous obtenez ainsi une étude solidement peinte et parfaitement durable, sans avoir à craindre de craquelage. Quand l'étude vous semble terminée, vous fondez et passez les tons les uns dans les autres à l'aide d'une brosse plate en martre en opérant très légèrement et en différents sens. A remarquer toutefois que fondre les tons et les passer les uns dans les autres ne veut pas dire *flocheter*, c'est-à-dire mettre du flou quand même, et que si l'art du flochetage est grand parmi les modernes et notamment chez Henner où la silhouette d'une figure se confond au paysage par un léger duvet, qui parfois nuit à la fermeté des formes malgré tout l'art du maître, il n'en va pas de même dans les œuvres de Chardin, qu'il faut toujours citer quand il s'agit de natures mortes, où les objets sont judicieusement enveloppés et fondus, mais sans perdre jamais leur forme extérieure ni se confondre avec les fonds vis-à-vis desquels ils conservent toujours une distance parfaitement nette et précise.

Quant au mélange des couleurs, il est tellement varié qu'on ne peut guère établir de règles à ce sujet, étant donnée surtout la différence de vision de chaque individu.

Les essais sur la palette vaudront mieux que tous les conseils. Notons cependant de procéder le moins possible par ce qu'on appelle les mélanges logiques, soit par exemple de faire du gris avec du noir d'ivoire et du blanc d'argent. Cela donne un gris sans doute, mais terne, incolore, un gris de peintre en bâtiment. Dans la nature, un ton empruntant aux objets qui l'environnent, le gris participera toujours du vert, du rouge ou du jaune : en composant la base avec le blanc d'argent, le vert émeraude et la laque de garance, on aura déjà un ton coloré sur lequel il sera très aisé de forcer en vert, en rouge ou en jaune. On voit de suite combien les mélanges seront simplifiés si l'on considère que la peinture pour être harmonieuse ne saurait être autre chose qu'un composé de gris diversement colorés, rehaussés seulement en des centres d'intérêt voulus, de touches fermes, de couleurs mères ou de tons à peine composés comme il a été dit pour le reflet du ciel sur un objet vernissé.

DE L'ARRANGEMENT ET DE LA COMPOSITION

L'arrangement a trait à la disposition particulière de chaque objet : la composition est l'art de grouper tous les objets de façon à leur donner une silhouette heureuse et la signification exacte du sujet que l'artiste a voulu nous représenter. Veut-il peindre en sa toile un vase seul, il y a manière de le présenter de face, de trois-quarts ou de profil ; ceci n'est qu'une question de goût dans l'arrangement, et si le vase est de forme ronde ou ovoïde, ce n'est que par un éclairage judicieusement disposé qu'on pourra le reconnaître dans l'étude. Mais là n'est point, à notre avis, l'intérêt de la nature morte, et ce n'est que plus tard, quand il est maître de ses moyens, que l'amateur doit y revenir pour pousser à fond l'étude du morceau. Il doit, selon nous, commencer par des ensembles, et se préoccuper de la composition et de l'effet. Il est reconnu que la forme *pyramidale* relevée sur un des côtés par un *soutien* est la meilleure : pourtant Chardin, Desportes, Wenix, Van Huysum s'en sont souvent écartés, particulièrement dans leurs tableaux éclairés de face ; mais il est incontestable qu'en l'adoptant on arrivera toujours à un très bon résultat. Enfin il n'est jamais heureux de peindre les objets par nombres pairs, on doit les grouper par trois ou par cinq ; au-dessus, le nombre en devient indifférent, pourvu que chaque groupe particulier, si la composition est très importante, comporte lui-même trois ou cinq objets : Bien entendu, il faut une différence de plans entre chacun de ces objets. En ce qui concerne l'effet, Léonard de Vinci dit quelque part : « Si tu veux obtenir du relief, éclaire le fond du côté sombre de ta figure, assombris-le du côté clair. » Ce principe s'applique excellemment à la nature morte.

On ne doit pas oublier que l'effet dans un tableau est ce qui frappe le spectateur et le conduit jusqu'à l'émotion. Or, l'effet est la concentration de la lumière sur le sujet principal du tableau, mise en valeur par la dégradation de cette même lumière sur les objets qui l'environnent. Il a pour conséquence immédiate la concentration et la dégradation harmonique dans les ombres. Le débutant devra donc s'attacher à l'effet dès ses premières études, car l'effet est la véritable expression de l'art plus encore que l'exécution, même la plus habile, qui satisfait les esprits méticuleux, sans faire impression sur les délicats et les raffinés.

CHAPITRE VI

LE PAYSAGE

PREMIÈRES ÉTUDES D'APRÈS NATURE
LE CHOIX DU MOTIF

CHAPITRE VI

LE PAYSAGE

PREMIÈRES ÉTUDES D'APRÈS NATURE
LE CHOIX DU MOTIF

De même que pour vos effets de dessin d'après nature, je vous ai conseillé[1] les motifs les plus simples, je vous engagerai ici à vous contenter, pour vos premières études peintes, de silhouettes se détachant nettement sur un ciel. Voyez le motif de loin, du plus loin possible. De cette façon les tons s'éteignent et vous commencez par travailler les gris des lointains et la transparence lumineuse du ciel. L'étude des premiers plans viendra plus tard ; l'important, c'est de mettre votre paysage bien en valeur. Une fois le ton local adopté, cherchez l'harmonie de vos trois valeurs principales, c'est-à-dire ce qui, dans

1. *Le fusain sans maître*. Paris, 1888, 19e édition.

le tableau, doit être les fonds, le second et le premier plan, et cherchez surtout votre ciel. Et à ce propos je vous dirai que ce qui désespère bien des commençants c'est le ciel par lequel on attaque toujours : on veut le peindre du premier coup, et aux premières touches du paysage il semble crû et mauvais. Je ne saurais trop vous recommander de peindre votre ciel le plus légèrement possible, sauf à le mettre en pâte suffisante pour obtenir le ton franchement lumineux, une fois le paysage ébauché en valeur et dans le ton adopté. Ce n'est que par cette méthode que vous pourrez avoir la relation exacte des tons entre eux et conserver toute la valeur lumineuse au ciel.

De même, lorsque vous commencerez l'étude du morceau, arbres ou terrains, prenez le motif le plus simple et ne cherchez pas à avoir du premier coup les valeurs lumineuses, réservez votre pâte pour affirmer ces valeurs lorsque votre toile sera entièrement ébauchée. Pour votre mise en place, clignez fortement les yeux afin d'éteindre tous détails, ce qui ne laisse pas que d'être assez difficile dans l'étude des premiers plans ou du morceau.

Le choix du motif est laissé à l'initiative et au goût de chacun, car, en peinture, l'aspect de la vérité et la fraîcheur du ton suffisent à rendre un tableau intéressant. Ce n'est point comme en un dessin où la forme est essentielle, et l'aspect décoratif ou délicat nécessaire au succès de l'œuvre. Lorsque vous serez assez fort et posséderez bien à fond un métier qui vous soit propre, vous pourrez chercher un motif qui fasse véritablement un tableau, dont les silhouettes se balancent dans une heureuse harmonie pour arriver à l'effet d'une œuvre composée, laquelle, de l'avis de Théodore Rousseau, doit plutôt se faire à l'atelier. — Or, sans vouloir abaisser le mérite des gens habiles, je pense — et la jeune école moderne me paraît suivre la même opinion — que l'habileté d'exécution ne doit tenir en art qu'une place tout à fait secondaire. On a dit avec raison que l'exécution n'est rien, que l'effet rendu est tout : donc, plus l'exécution sera simple, plus l'effet sera puissant.

La recherche de l'exécution habile est un défaut qui n'est point né chez nous ; il nous vient de l'école italienne, qui a obtenu ces dernières années un succès fort contestable et contre lequel le public réagit singulièrement aujourd'hui. C'était, croyons-nous, une question de vogue (qui, d'ailleurs, semble se reporter sur l'école suédoise ou néerlandaise en ce moment), vogue fondée précisément sur l'habileté d'exécution, qui étonne et séduit à première vue, mais sans pouvoir supporter un sérieux examen.

Le fondateur de notre école paysagiste française, Corot, était loin d'être un habile praticien de la palette, car cette science de rendre à l'aide d'un ton presque monochrome les colorations infinies de la nature ne saurait être prise pour de l'habileté. Cette simplicité, cette sobriété de détails et de couleur est, à mon avis, la véritable manifestation de l'art en tant qu'interprétation de la nature

Aujourd'hui que les peintres, les littérateurs, les sculpteurs même ne voient que la reproduction fidèle et absolue de la nature, on est tenté de croire que la sincérité est à l'ordre du jour et le seul mobile de toute œuvre d'art. Eh bien, non : tel sculpteur assemble deux ou trois modèles pour prendre à chacun une partie de son être que la nature a faite belle ; tel peintre, en reproduisant la nature, ne rend que ce qu'il sent et voudrait voir, et non toujours ce qu'il voit réellement ; tel romancier enfin, en voulant être vrai, nous peint des scènes d'une trivialité souvent sortie de son imagination qui nous navrent et nous écœurent. D'où il ressort que ni les uns ni les autres ne sont sincères, puisqu'ils cherchent un résultat de l'art par des moyens qu'ils ne veulent point reconnaître ni avouer.

Donc l'art est, à proprement parler, l'interprétation de la nature, étant donné un résultat voulu. Aussi croyons-nous que ce serait véritablement se tromper que de s'en tenir à une copie fidèle de la nature en essayant de la reproduire telle qu'on la voit. Et, d'ailleurs, que d'erreurs découleraient de ce système! sans parler de la nature de l'homme, toute physique et toute matérielle, et qui varie autant que les individus eux-mêmes, ce serait faire de l'art une machine intelligente, un procédé vulgaire, qui ne saurait même approcher des résultats de la photographie.

C. COROT

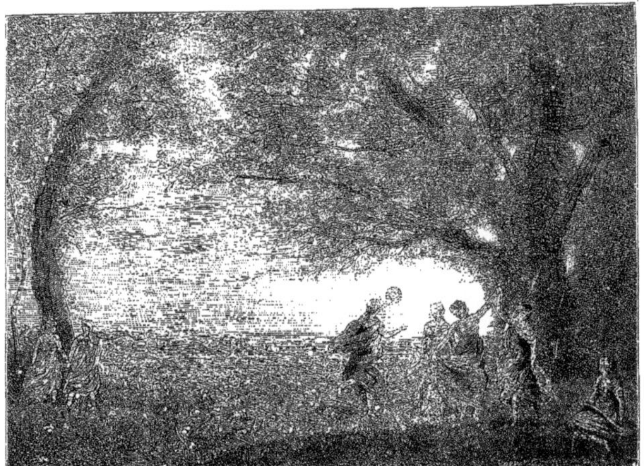

Le Soir.

P. 112-113.

Lors donc que Corot avait coutume de dire : « Soyez sincère, soyez naïf », il n'entendait nullement exclure la pensée du travail du peintre pour l'obliger à rendre ce que son œil perçoit. Il voulait dire : « Soyez simple comme la nature l'est dans son ensemble, soyez naïf parce qu'elle n'a rien de surnaturel. » Serait-il possible, du reste, de rendre la nature telle qu'elle est ou même telle que nous la voyons ? Assurément non, pas plus qu'on ne peut rendre l'éclat du soleil ou la profondeur de la nuit. Eh bien, puisque les moyens sont impuissants à rendre la nature, le paysagiste devra donc, pour obtenir son effet, recourir à l'interprétation, et c'est sur cette interprétation de la nature que nous nous arrêterons quelque peu. Dans vos premières études, je l'ai dit, vous devrez, avant tout, chercher des sujets simples, soit en vous renfermant dans les tons généraux des différents plans, si vous avez un sujet d'ensemble, soit en restreignant votre sujet à l'étude du morceau, et par conséquent en n'embrassant que peu de chose, si vous voulez exécuter davantage.

Dans le premier cas, la première chose à faire lorsque vous arrivez devant la nature est de limiter votre sujet, de façon à bien l'envelopper dans son cadre, et pour cela vous pouvez avoir dans votre boîte à couleurs une carte de visite ouverte au centre et formant fenêtre, que vous éloignerez ou rapprocherez de l'œil suivant l'étendue que vous voudrez donner à votre tableau. Plus vous serez sûr de vous-même, plus votre cadre pourra être rapproché de l'œil, car plus aussi les premiers plans s'accuseront. Nous pouvons donc sans hésiter vous conseiller, pour les premières études, de ne faire tableau que de ce que vous apercevrez au travers de ce cadre, lorsqu'il sera au bout du bras absolument tendu. Cela vous fera faire des études de fond un peu grises, mais que vous devrez chercher à rendre justes par la finesse de ton. Il ne faut point confondre ces sortes d'études avec ce que les artistes nomment « la pochade », car les tons doivent y être cherchés et discutés pied à pied avant d'arriver au résultat voulu. La pochade est le rendu d'un effet qu'on ne doit tenter que lorsqu'on possède bien les procédés et qu'on est déjà d'une certaine force. Excellente en elle-même, si elle présente le caractère de franchise d'exécution et la vérité d'impression, la pochade pousserait volontiers le débutant à un laisser-aller fâcheux et qui lui nuirait au possible pour les études sérieuses. Ainsi donc vos premières études pourront être des études d'ensemble prises d'un peu loin et dans lesquelles un ton général heureusement trouvé n'aura plus qu'à subir certaines modifications pour fuir ou se rapprocher en conservant une harmonie générale. Mais à côté de ces études, agréables parce qu'elles forment tableau, il en est de plus ingrates peut-être, mais d'aussi importantes : ce sont les études des premiers plans et du morceau. Celles-là doivent se traiter avec une conscience absolue, et moins vous étendrez votre sujet, plus votre travail sera profitable pour l'avenir. Ce sont ces études-là qui font les maîtres, et, si le public en général les connaît peu, c'est que, par la suite, elles leur sont si utiles qu'à aucun prix ils ne veulent s'en défaire.

Pour conclure, il faut nous expliquer bien clairement sur ce que nous venons de dire plus haut afin de ne point sembler paradoxal : en effet, d'un côté, nous disons avec Corot : « soyez sincère », puis nous ajoutons : « l'art est une interprétation ». Ces deux affirmations paraissent se contredire en ce qui concerne l'étude d'après nature. Il n'en est rien ; de même, nous vous avons dit, pour la nature morte, qu'un ton quel qu'il soit, outre sa nature propre, emprunte une coloration qui le modifie aux tons environnants, de même en paysage les tons ne valent que par ceux qui les entourent. Un mur blanc en plein soleil n'est jamais blanc : il est blanc rosé, blanc jaunâtre, blanc verdâtre, selon les reflets qu'il reçoit ; il en est de même pour tous les tons, à tel point que, dans les études de certains maîtres, vous verrez des verts éclairés de premiers plans rendus par des bleus purs ou des roses tendres faits de blanc et de cobalt ou de blanc et de laque. Il en va de même de tous les objets, de telle sorte que la sincérité dans l'étude dépendra tout à la fois du jugement et de l'observation. Pratiquement, il en résultera que reconnaissant sur une coloration les principes qui la composent, l'amateur cherchera sur la palette à assembler ces mêmes principes.

CHAPITRE VII

DE L'ÉBAUCHE

CHAPITRE VII

DE L'ÉBAUCHE

Après avoir fait la mise en place à la craie, puis au pinceau, comme il a été dit, on entreprend l'ébauche. Bien des méthodes ont été préconisées jusqu'à ce jour : les uns se servent du bitume, les autres de Sienne brûlée mélangée à l'ocre ou au vermillon, à l'instar des anciens peintres ; d'autres enfin se servent d'un ton gris à base de blanc d'argent : toutes ces préparations sont donc à un seul ton appliqué en grisaille, c'est-à-dire en tenant compte des valeurs relatives.

Nos meilleurs peintres aujourd'hui ont renoncé à tous ces systèmes et donnent l'ébauche de leurs tableaux dans les tons voulus, c'est-à-dire dans une gamme polychrome suivant les tons définitifs qui devront rendre le tableau même. Autrefois aussi l'ébauche se préparait en transparence, c'est-à-dire très légèrement, tandis qu'on l'applique aujourd'hui franchement en pleine pâte, sauf à en adoucir les rugosités quand elle est sèche, à l'aide d'un grattoir de palette ou d'un rasoir, avant de terminer le tableau. Cette dernière méthode d'ébauche est bien préférable aux autres, car elle permet d'envisager l'effet général du tableau avec sa coloration avant l'achèvement complet. La seule différence sera donc que l'ébauche est faite à tons simples, soit par exemple, pour un vert vigoureux, bleu minéral et jaune indien, tandis que ce même ton sera cherché avec plus de soin ou modifié dans sa crudité, pour l'exécution définitive, à l'aide d'autres couleurs successivement étudiées, soit une laque pour l'assourdir, ou le cadmium ou le chrome pour lui donner plus de lumière.

Il est juste de dire que des peintres tels que Diaz et Rousseau ont pu tirer de l'habitude d'ébaucher au bitume des résultats heureux et une manière d'interprétation toute personnelle, mais par là même on est entraîné, si l'on adoptait leurs procédés, à suivre leur voie, tandis que l'ébauche dans le ton propre est absolument impersonnelle, puisqu'elle dépendra de l'œil de chacun, « deux peintres ne voyant jamais, a dit Töpffer, le même ton de la même manière. » Cette méthode est aussi la meilleure, parce qu'elle nous conduira facilement à l'exactitude de ton et à la justesse, et nous verrons plus tard qu'elle nous facilitera singulièrement l'exécution de la pochade sur nature, qui n'est autre chose qu'une ébauche faite avec une certaine recherche.

Quelques peintres se servent pour ébaucher du couteau à palette, au lieu d'employer la brosse : cette méthode, séduisante au premier abord, donne, à mon avis, des résultats trop imprévus pour qu'on puisse s'en servir avant d'avoir acquis une sérieuse expérience de la peinture à l'huile. Ce n'est pas à dire pour cela qu'il ne faille point se rendre compte de ce procédé et l'étudier un peu. Je le crois très utile, surtout pour les tableaux d'une certaine importance, et je vous engagerais, si vous désiriez vous en servir, à l'employer surtout pour ébaucher des ciels ; vous obtiendrez par là des miroitements heureux en reprenant le travail avec la brosse. Mais si j'admets cet emploi du couteau à palette pour l'ébauche, en particulier lorsqu'il s'agit de toiles un peu grandes, j'avoue que je le comprends moins lorsqu'il s'agit de terminer un tableau. Ce procédé prête trop à l'emploi de ce qu'on nomme les ficelles, ce qui est déplorable en peinture. Vous me direz sans doute que des peintres éminents comme Courbet ont su en tirer un parti admirable : j'en conviens, mais ce qui réussit à l'état d'exception ne saurait être érigé en principe et doit plutôt être écarté au point de vue de l'enseignement.

CHAPITRE VIII

DU CIEL

A. VAN DE VELDE

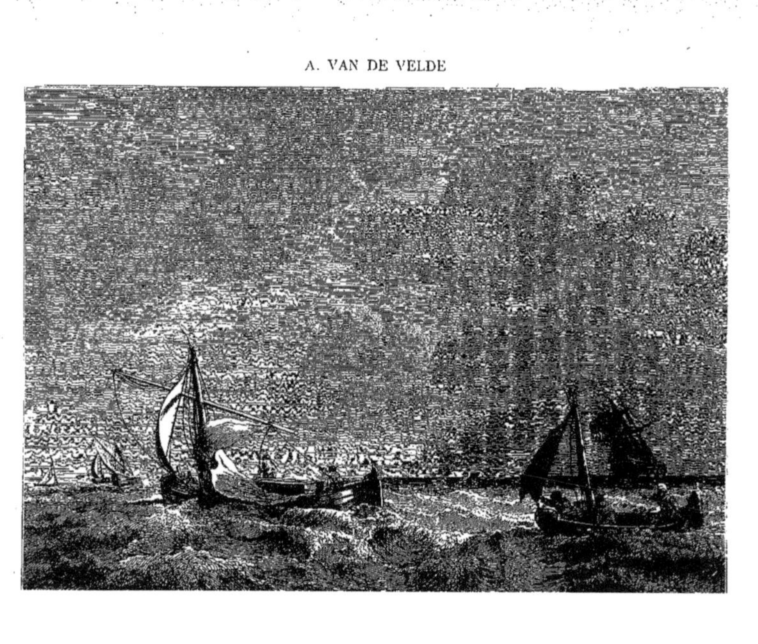

CHAPITRE VIII

DU CIEL

Le ciel a des aspects si différents et si variés que je serai obligé de me restreindre à trois aspects : le ciel bleu d'été, un ciel gris par un temps de pluie, un ciel orageux. Mais de quelle nature que soit un ciel, je crois qu'il doit être peint d'une tout autre façon que le reste d'un paysage. Le modelé en doit être plus doux, et la touche plus fondue ; et même, dans certains cas, bien que je ne sois point très partisan de l'emploi du blaireau, je trouve qu'on peut l'employer pour atténuer la rudesse de l'empâtement. Je ne reviendrai point sur cette nécessité d'une variété d'exécution à propos des différents objets qui composent un paysage; mais vous devrez observer cette même différence pour les arbres, l'eau, les terrains, etc., car, de même que vous devez donner la touche dans le mouvement des objets, de même vous devez apporter un modelé différent et un aspect varié suivant les objets que vous reproduisez. Un ciel bleu d'été se rend dans nos contrées avec une base de blanc, de cobalt et une pointe de laque, pour en rompre la crudité. A certaines époques de l'année, la voûte céleste n'est bleue qu'immédiatement au-dessus du spectateur ; elle devient d'un blanc gris ou rose en s'éloignant sous une atmosphère chaude : alors on fait dominer le blanc dans le mélange, et l'on peut ajouter un peu de laque et de vert émeraude. Sur un ciel de cette nature, quelques nuages se détachent parfois, qui ont l'aspect blanc au premier abord, mais qui, après examen, doivent se rendre d'un ton un peu plus apparent, soit un peu d'ocre jaune et de laque rose mêlés en partie très minime et seulement blanc vers le contour. Ces tons blancs, pour ne point paraître durs sur le fond du ciel, doivent être composés semblablement, mais plus lumineux. Le ciel bleu des pays chauds se rend avec un mélange d'outremer, de bleu minéral et de blanc, et sur ce ton le blanc des nuages légers de l'été paraîtra forcément plus froid. Un peu de jaune indien allié au blanc nous remettra dans une gamme plus agréable.

Bien des artistes n'obtiennent un ciel gris qu'en alliant ensemble un grand nombre de tons. Je crois néanmoins que le système des trois couleurs est encore le plus simple et aussi celui qui donnera les résultats les plus variés. Le blanc et le noir convenablement mêlés donnent déjà par eux-mêmes un ton excellent. Si, néanmoins, vous désirez le varier et lui donner certains aspects, vous pouvez y ajouter un peu de bleu, ce qui lui donne la finesse, ou des ocres, ce qui le rend plus chaud, du vert émeraude, qui ajoute à la transparence. Mais ce que je vous recommanderai avant tout sera de bien peser les valeurs lumineuses qui pourront l'entourer avant d'adopter un ton gris d'une manière définitive, car un blanc trop brillant le ferait paraître froid, un blanc trop lourd le rendrait d'un ton sale, alors que par sa nature il a été bien composé.

Dans un ciel d'orage, les tons gris beaucoup plus intenses permettent une certaine désinvolture de palette : l'outremer, l'ocre jaune, la terre de Sienne naturelle ou brûlée y jouent un rôle important, mais toujours après la base de noir et de blanc, de vert émeraude et des laques. Ce que je vous recommanderai tout particulièrement dans ces sortes d'effets, c'est d'éviter la sécheresse sur les bords d'un nuage, surtout s'il est très vigoureux. Un ton noir venant brusquement se découper sur un fond clair, gris ou bleu, est toujours une note desagréable, et il faut une gamme en demi-teinte entre les deux tons pour leur donner une certaine harmonie.

La difficulté de peindre des ciels est très grande, à la fois comme composition, en ce sens qu'il faut attendre le moment précis où les formes des nuages ou la tonalité générale donneront l'harmonie nécessaire à l'effet qu'on veut rendre, et comme exécution parce qu'il faut agir rapidement et pour ainsi dire à coup sûr : il ne faut jamais revenir sur un ciel, sous peine de le compromettre, car la nature ne donnant plus de modèle, lequel fuit à chaque minute, on tombe facilement dans le convenu. En cas de non réussite, il vaut donc mieux recommencer tout que de chercher à modifier ou à compléter quelque partie qui semble défectueuse.

Le ciel est le fond naturel, l'arrière-plan d'un paysage : il doit avoir pour le paysage le même emploi que le fond pour une nature morte ; conséquemment, le procédé matériel de la peinture sera le même. Dans sa forme et le dessin des nuages, il doit servir à faire ressortir le sujet principal d'un paysage comme aussi par l'opposition des lumières et des ombres. La nécessité de peindre des ciels est évidente et même d'en peindre beaucoup sur une simple silhouette de paysage donnant une valeur, sans aucun détail : les effets de ciel sont si rapides, si souvent renouvelés, si délicats de tons, qu'on ne saurait avoir trop d'études de ce genre en réserve, lorsqu'il s'agira plus tard de composer le tableau à l'atelier. Que d'artistes n'ont peint le paysage que pour le ciel ! Le grand Anglais Turner, le Hollandais Van de Velde placent tout l'intérêt de leur œuvre dans l'effet du ciel, et chez Corot le ciel est partout, voire même sur les terrains, les maisons et les eaux, et c'est, avons-nous dit, la présence de ce reflet du ciel qui fait l'excellence et la grande supériorité du maître. Peignez donc des ciels, et peignez-en le plus possible, multipliez vos études en ce sens, par tous les effets ; le matin, le soir, le plein

RUYSDAEL

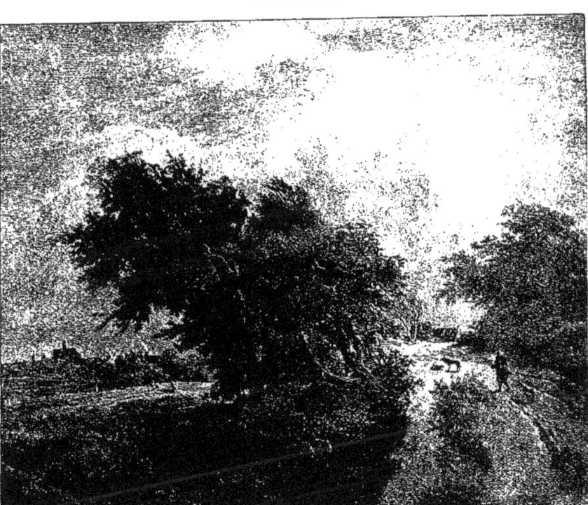

Le Buisson. (*Musée du Louvre.*)

soleil, le temps gris, l'orage, l'hiver, vous donneront l'emploi de tous les tons de la palette et vous habitueront à une touche délicate de la couleur puisque toutes ces études portent sur une modification du blanc d'argent par l'addition très petite des autres couleurs.

L'effet d'orage, entre autres, est si fugitif, il offre tant de variétés, qu'on ne saurait trop l'observer par de nombreuses études si l'on veut arriver à s'en servir avec fruit dans des œuvres composées plus tard à l'atelier, car il ne faut pas songer à rendre ce qu'on appelle un paysage avec effet d'orage d'après nature. Le ciel par lui-même offre déjà bien assez de difficultés sans qu'on y ajoute encore celle du paysage qui, d'ailleurs, ne saurait être réellement sincère ; l'effet étant trop changeant : tout au plus pourra-t-on, sur une silhouette préalablement préparée, poser çà et là quelques touches bien en valeur donnant la qualité générale du ton des reflets de ciel sur les différents plans, terrains, arbres, fabriques, etc. Et c'est bien ici l'un des cas où quelques copies préalables pourront nous être utiles. Van de Velde avec ses ciels nuageux, Salvator Rosa avec ses *Contrebandiers*, Constable et Rousseau, sont d'excellents modèles à étudier, qui vous mettront en l'esprit et aussi dans la main les éléments nécessaires pour rendre vivement l'effet d'orage. D'après nature, le meilleur procédé consiste à se servir d'une toile préparée d'un ton vigoureux, gris ou autre, de façon à avoir pour fond la valeur du ton local ou général de l'effet. Puis, d'une touche ferme et bien dans la forme qu'on veut reproduire, on indique les lumières en dégradant le ton légèrement vers le centre du nuage. Avec ces seules lumières et demi-teintes on aura l'effet, la vigueur générale étant donnée par la valeur du ton même de la toile ou du panneau que l'on peindra ensuite dans le ton voulu, gris jaunâtre ou gris ardoisé, selon l'effet de la nature : or, si l'effet d'orage est extrêmement mobile dans les formes qu'il accuse et parmi lesquelles il faut choisir avec beaucoup d'initiative et d'à-propos, cet effet se reproduit successivement au point de vue de la couleur et l'on peut toujours revenir pour peindre dans le ton juste une fois la forme bien déterminée. Nous conseillons beaucoup de peindre l'effet d'orage à une fenêtre ; dehors on est réellement trop préoccupé de s'abriter pour pouvoir travailler : on n'a ni la main assez sûre, ni l'esprit assez libre pour agir vivement comme il est nécessaire si l'on veut faire une étude sérieuse et constituer un réel document pour le tableau à faire.

CHAPITRE IX

DES TERRAINS
ET
DES PREMIERS PLANS

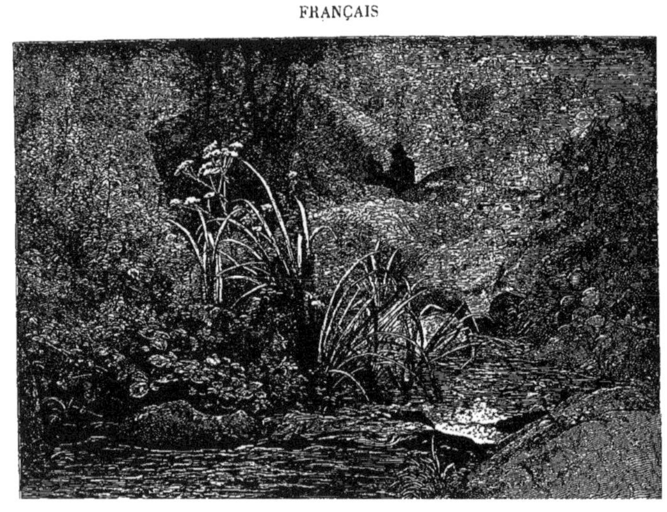

CHAPITRE IX

DES TERRAINS
ET
DES PREMIERS PLANS

Sans entrer dans la composition des tons de tous les objets que comporte un terrain, je peux cependant vous indiquer quelques principes d'exécution. Ainsi, par exemple, pour de la terre proprement dite, qui doit être ébauchée avant les objets, herbes ou autres, que le terrain supporte, vous pouvez préparer avec un mélange de terre de Sienne brûlée et d'ocre jaune ; pour les verts vigoureux, vous ajouterez du bleu minéral. Mais ceci n'est qu'une préparation solide, et comme fini d'exécution, il est bien difficile d'entrer dans de plus amples détails, parce que cette exécution varie trop, suivant la nature où vous travaillez. Attachez-vous à diminuer l'intensité de vos tons à mesure que les plans s'éloignent ; dans les premiers plans, au contraire, ayez une certaine hardiesse, et si vous avez différents objets, comme pierres, touffes d'herbes, etc., ne craignez pas de les rehausser d'une bonne vigueur, si vous voulez qu'ils ressortent bien. Dans vos études d'après nature, vous éprouverez d'autant plus de difficultés que le travail est ingrat et ne présente point grand charme ; mais lorsque vous en aurez fait un certain nombre, et qu'après les avoir rendues avec simplicité vous chercherez la finesse du ton avec exactitude, ces études deviendront d'autant plus intéressantes que vous progresserez davantage.

En réalité, ce n'est pas la qualité même du ton qui est difficile à trouver, c'est sa gradation et sa mise en valeur ; aussi conseille-t-on presque toujours de commencer par les plans les plus éloignés du terrain qui, même lorsqu'ils sont composés de verdure, ne sont que des verts harmonieusement décolorés, c'est-à-dire des gris, de sorte qu'à mesure que vous vous rapprochez de la ligne de terre ou base du tableau vous êtes obligé, pour que le terrain fuie, d'accentuer ces gris et d'arriver ainsi peu à peu aux tons francs et fermes des premiers plans.

PREMIERS PLANS

« Il ne faut pas, disait Rousseau, qu'on voie les insectes se promener au premier plan », entendant par là que, si près de lui qu'il veuille rendre un paysage, le peintre ne doit jamais en pousser l'exécution et le fini jusqu'au bord du tableau. Il est nécessaire, en effet, que l'œil du spectateur ne soit pas attiré hors du centre d'intérêt par des détails exagérés, et cela même dans l'étude du morceau, où l'intérêt doit encore être localisé. Il faut donc placer le sujet principal d'une étude de premiers plans à quelques mètres de soi, pour ne point en apercevoir les détails inutiles, et si c'est une plante ou un groupe de plantes, en embrasser l'ensemble durant tout le travail, ce qui ne diminue en rien l'intérêt d'exécution du détail, ainsi largement compris et qui sera, par suite, largement rendu.

CHAPITRE X

DES EAUX

CHAPITRE X

DES EAUX

Il y a deux manières de rendre les eaux : la première est de peindre en pleine pâte, et pour cela on peut dans ses premières études les masser avec les mêmes tons qu'on emploie pour son paysage, ce qui évite la peine de les chercher à nouveau, mais en ayant soin néanmoins de tenir ces tons un peu plus sourds, car la valeur des reflets dans l'eau doit toujours être moindre que celle des objets reflétés : donc les clairs seront légèrement assombris, les vigueurs seront plus claires que celles du paysage. Les reflets devront, bien entendu, être massés de haut en bas, perpendiculairement, ainsi que cela se présente aux yeux dans la nature, et autant que possible avec une brosse plate. Les eaux ainsi massées, on y indiquera, de part en part, les notes du ciel qui s'y trouvent reflétées. Puis, à l'aide du blanc mêlé d'ocre jaune et d'un peu de vermillon, on obtiendra les lumières frisantes, cette fois horizontalement et au pinceau si l'on veut les obtenir un peu fines et délicates ; il ne faut point multiplier ces petites touches lumineuses qui cessent d'être agréables si l'on en abuse. Plus vous avancez vers le premier plan, c'est-à-dire vers la ligne de terre ou base du tableau, plus la touche lumineuse frisante doit être large. Près des bords, l'eau doit toujours être plus ferme et d'un ton plus soutenu, à moins cependant qu'elle ne réfléchisse un terrain lumineux ou des arbres directement éclairés par le soleil.

Une autre manière de rendre l'eau transparente est de la traiter par frottis. C'est à peu près la même méthode que ci-dessus pour la composition des tons ; seulement, au lieu de les employer en pleine pâte, on les additionne d'une quantité d'huile ou de sauce siccative suffisante pour peindre en transparence. Ce procédé n'est point mauvais, mais c'est, à proprement parler, plutôt une ficelle qu'une manière de peindre sérieuse et il faut déjà posséder une véritable adresse pour aborder ce moyen avec succès. Alors la question des blancs pour la lumière frisante devient plus difficile ; ces blancs doivent eux-mêmes être peints plus légèrement, et pour cela, il est nécessaire d'attendre que les dessous soient bien secs. Dans les reflets de feuillages, dans les verts, on peut obtenir des lignes frisantes avec un coup de canif passé horizontalement, ce qui donne un demi-clair dans l'ombre.

L'eau est un des éléments de réussite pour l'amateur qui cherche à rendre un paysage agréable, car c'est une note qui plaît en général ; aussi peut-on l'étudier sérieusement et pour cela peindre au besoin ce qu'on appelle l'étude du morceau ; mais il faut aussi prendre garde de tomber dans cette erreur qui consiste à donner à l'eau l'aspect d'un véritable miroir. Je sais bien qu'à certaines heures du jour cet effet se produit, mais il n'est guère accepté en peinture : le mouvement de l'eau est toujours préférable, et ce mouvement n'existe plus si le reflet est trop accentué.

CHAPITRE XI

L'IMPRESSION D'APRÈS NATURE

LA POCHADE

CHAPITRE XI

L'IMPRESSION D'APRÈS NATURE

LA POCHADE

On appelle pochade une étude d'ensemble prise simplement au point de vue de la justesse des valeurs et de l'impression ressentie d'un motif auquel on s'est arrêté. C'est dire que la pochade sera nécessairement une étude incomplète et qu'il ne faudra faire qu'à l'état d'exception, soit pour obtenir au premier coup un effet passager, soit pour avoir une silhouette heureuse. Beaucoup d'artistes et surtout d'amateurs se contentent de faire des pochades et non des études, et c'est un bien grand tort, car, si la pochade est utile en bien des cas, elle habitue l'artiste à se contenter de peu, et c'est à cet abus qu'on doit l'école dite des impressionnistes. D'ailleurs, une pochade, pour être intéressante, doit être juste de ton, et, puisqu'on n'arrive à ce résultat qu'après un certain nombre d'études sérieuses, il est bien évident que ce n'est point par là qu'on doit commencer. Je crois même qu'il est excellent pour un peintre de ne faire des pochades qu'au bout de trois années d'études, et l'on s'en rendra compte, si l'on pense à quelle sûreté d'exécution il faut être arrivé pour rendre en une séance rapide l'impression que peut donner un paysage et n'avoir la justesse des tons et des valeurs pour ainsi dire que par des taches.

J'ai dit plus haut que je n'étais point partisan de la copie des maîtres anciens ; mais cependant, comme rien n'est absolu, je pense qu'il est bon, pour s'exercer à exécuter facilement des pochades, d'étudier d'abord ce genre de travail dans nos musées d'après les maîtres anciens ou modernes ; au Louvre, d'après Salvator Rosa, Corot, Daubigny, Chintreuil et Rousseau.

D'après nature, à mesure que vous devenez plus fort, la pochade vous paraîtra plus nécessaire pour enlever l'effer du premier coup. Elle est même un auxiliaire puissant si vous voulez vous servir de plusieurs études de morceaux prises dans un même point de vue pour composer ou mieux exécuter un tableau à l'atelier ; elle en devient à la fois la base et le complément : la base, puisque c'est d'après votre pochade que vous établirez l'ensemble des valeurs, le complément, puisqu'elle vous aide à maintenir toujours l'effet dans le cours de l'exécution.

CHAPITRE XII

DES ARBRES EN GÉNÉRAL

LE FEUILLÉ

LA RIVIÈRE ET LA FORÊT

CHAPITRE XII

DES ARBRES EN GÉNÉRAL

LE FEUILLÉ — LA RIVIÈRE ET LA FORÊT

Je ne crois pas, quoi qu'on en ai dit, que ce soit positivement par la tonalité qu'on reconnaît l'essence d'un arbre, puisque dans la nature cette tonalité varie peu, et que, au contraire, chaque artiste la rend avec un œil, un esprit différents. Il suffira donc de donner quelques notions générales sur la manière d'interpréter les différentes espèces d'arbres. Et, d'abord, c'est par le dessin que cette différence doit se sentir. Chaque arbre, suivant la construction de ses branches, porte en lui son caractère propre : on doit donc s'attacher à construire le tronc d'une manière précise, un peu sèche même, dans l'ébauche, sauf à en arrondir les angles dans l'exécution finale. Puis, sur cette charpente, on masse le feuillé en observant bien l'esprit général du modèle ou de la nature. Ce n'est pas, en effet, par la feuille qu'on distinguera telle ou telle essence d'arbre, c'est par l'ensemble de ses feuilles ou par l'ensemble général des masses. On doit donc rejeter bien loin cette vieille méthode qui consistait à apprendre la forme de la feuille du chêne, du tremble, du peuplier, etc., pour les grouper et former des ensembles qui, par leur simple contour, leur aspect général plus ou moins compact, clairsemé, vigoureux ou gris, donnent immédiatement au spectateur l'idée de l'arbre qu'on a voulu représenter. Au point de vue de la couleur, les arbres se divisent en deux catégories ; les arbres à feuillages verts, les arbres à feuillages gris; une fois l'un de ces tons adopté, il s'agit de modeler le feuillé bien en valeur par la dégradation du ton, du plus clair au plus foncé.

On doit observer, dans l'étude d'arbre, que presque toujours les masses du feuillé diminuent d'intensité ou de valeur de ton à mesure qu'elles s'éloignent du tronc et qu'elles se silhouettent sur le ciel ou sur d'autres plans : or, en supposant même que ces plans soient formés de tons gris ou que le ciel soit vigoureux, il faut toujours que le contour de la masse du feuillé soit peint avec un ton plus léger, plus doux que le reste de l'arbre ; autrement vous tomberiez aisément dans la sécheresse. Cette touche plus grise s'obtient tout naturellement si vous peignez en pâte, c'est-à-dire si les tons environnants sont encore frais ; alors ils s'enveloppent d'eux-mêmes et se fondent sans brusquerie. Il en est ainsi dans la nature, où les objets, sauf en premier plan, se fondent en coloration, et s'harmonisent à mesure qu'ils s'éloignent.

On peut ébaucher les arbres, suivant leur nature, de deux manières différentes : en pleine pâte ceux dont le feuillage est compact, comme le chêne, le châtaignier ; en frottis légers ceux dont les masses sont plutôt apparentes que réelles, comme le saule, le bouleau, etc., mais en observant avec soin ce que nous venons de dire, que le ton doit toujours être plus faible aux extrémités.

Quand un arbre est dépouillé de ses feuilles, il est encore plus urgent de le peindre avant que le fond soit sec, car on n'aura plus la ressource du feuillé pour en atténuer la sécheresse, et ce n'est qu'après l'exécution complète du paysage qu'on pourra reprendre par places certaines parties, afin d'avoir des accents vigoureux ou des lumières voulues.

Je conseillerai tout particulièrement à l'amateur de faire des études d'arbres détachées, et même des morceaux séparément : c'est en disséquant ainsi la nature qu'on peut arriver à un résultat vraiment sérieux et intéressant pour le public, mais plus encore pour soi-même ; or, l'expérience nous a démontré que, lorsque l'artiste éprouve un sérieux plaisir à exécuter le morceau, et qu'il pousse cette étude aussi loin que possible, c'est alors, dis-je, qu'il commence à posséder son art et à acquérir un véritable talent.

En effet, l'arbre est l'académie du paysage, et sa connaissance approfondie constitue avec celle du ciel, qui domine tout, la partie la plus importante des travaux du paysagiste. Aussi doit-il en faire de nombreuses études pour en posséder la forme, la tonalité générale et locale, les valeurs et la perspective dans les feuilles.

Il faut, par le dessin, en disséquer la construction typique, l'attache des branches, particulière à chaque espèce et cela dans des séances spéciales, car, plus tard, lorsque, préoccupé de l'effet général et de l'harmonie d'un paysage, l'artiste se prend d'enthousiasme pour son motif, il faut que ces formes et ces constructions d'arbres naissent sans difficulté sous sa brosse, autrement ses études, devenant sèches d'exécution, perdraient tout le charme de l'impression d'après nature.

En règle générale, les arbres doivent être peints d'une touche ferme dans le sens de leur forme, presque toujours en faisant tourner la touche dans le sens même de la direction de la branche qu'on veut représenter ; en forme d'accent circonflexe, pour les parties élevées, en sens inverse au-dessous de la ligne d'horizon ; en clair du côté de la lumière, en vigueur du côté de l'ombre. Cette manière de préparer le squelette de l'arbre aide beaucoup à le faire tourner. On remarquera, aussi d'après nature, que rarement la plus grande vigueur se trouve sur le côté de l'arbre opposé à la lumière : généralement ce côté est formé d'un gris de demi-teinte occasionné par une lumière de reflet. —

Sans faire comme autrefois des études feuille à feuille, il est pourtant indispensable de faire des masses de feuillages vues d'un peu près, si l'on veut bien connaître la forme et l'essence de chacun d'eux, et ne pas traiter une branche de chêne à la construction anguleuse et solide, aux verts nettement déterminés, comme celle du saule aux tons gris argentins et où toute forme est indécise. En dehors de ces grandes catégories d'arbres, il en est d'autres où la différence, pour être moins sensible, n'en est cependant pas moins utile à préciser pour le spectateur. Ainsi le feuillé du châtaignier, du noyer, se rapprochent de celui du chêne et cependant ces deux arbres sont loin d'avoir la même puissance d'effet : les masses générales sont moins denses, moins épaisses; par conséquent, la distinction doit être marquée autant dans l'exécution de ce feuillé que dans la construction même de l'arbre et l'attache des branches. On insistera surtout sur ces attaches de branches qui diffèrent essentiellement selon la nature des arbres, et pour bien les connaître il faut faire de nombreux croquis.

Il n'y a pas de manière spéciale de peindre le feuillage : voyez largement d'abord les masses d'ombre et de lumière, comme si vous aviez à peindre une nature morte, et quand ces masses sont bien en valeur, détachez vos détails de feuilles par un dessin serré de contour et bien dans la valeur de la masse générale où vous travaillez.

Ces observations sur les arbres et le feuillé nous conduisent tout naturellement à parler de la forêt, des sous-bois en général et des bords de rivière. La forêt, d'aspect grandiose, comme celle de Fontainebleau qui est pour ainsi dire l'école du paysagiste, les grands bois sourds des environs de Compiègne ou les belles forêts du Midi, qui ont inspiré des maîtres tels que Rousseau et Courbet, présentent, à notre avis, moins de difficultés pour le débutant que les sous-bois de petites futaies où l'effet est diffus, très rapproché du spectateur sans grands effets d'ombres et de lumières. En forêt, l'amateur choisira de préférence les effets du soleil, parce qu'ils apparaissent très nettement ; mais la séance ne doit pas durer plus de deux heures ; autrement l'effet change au point de troubler absolument les idées. Dans les sous-bois, au contraire, nous conseillons beaucoup l'étude par l'effet gris. C'était un principe, chez un de nos paysagistes modernes, César de Cock, de travailler toujours le sous-bois par l'effet gris, même en vue de l'effet de soleil.

Que de fois nous le vîmes, dans les bois de Sèvres et de Chaville, mettre en pratique cette théorie qu'il défendait avec feu, joignant l'exemple au principe. Mais, dira-t-on, l'effet gris doit toujours être peint très légèrement, dans une harmonie douce, alors que l'effet de soleil est tout d'oppositions heurtées, presque brutales. Eh ! sans doute, c'est là une objection fort juste, mais il faut cependant observer que, lorsqu'une étude a été poussée en plusieurs fois par l'effet gris, rien n'empêche à la dernière séance consacrée à l'effet de modifier les ombres et les demi-teintes et de la gamme grise les faire passer en une gamme plus violente ; et cela, d'autant plus que pour être *sincère*, au point de vue absolu du mot, tout effet devrait être rendu en une seule séance, puisqu'il ne se représente jamais deux fois sous le même aspect. Ce qui n'a pas empêché Corot, l'inventeur de la maxime, de faire tant d'études en de nombreuses séances, à tel point que l'excellent maître Français en possédait une, et admirable, que Corot désespérait de terminer, et il en était à sa dixième journée de travail d'après nature. Tant il est vrai aussi qu'il n'y a pas de règle absolue, et que, même dans l'étude la plus naïvement faite et la plus sincère, il y a une grosse, très grosse part laissée à l'intelligence et à l'interprétation de l'artiste. Ce qui est vrai pour le sous-bois et la forêt l'est aussi pour les bords de rivière ; mais ici la fraîcheur des tons s'impose davantage encore ; d'autre part, l'intérêt du sujet ne réside pas dans la forme des feuillés, les arbres ne sont pas le seul facteur de réussite ; comme dans un sous-bois tout y concourt, l'eau, le ciel, les plantes de premier plan, de telle sorte que la variété de l'exécution naît, pour ainsi dire, sous les doigts du peintre.

Toutefois le feuillé des arbres des bords de rivière demande aussi une étude toute spéciale, en particulier le saule et le peuplier. Le saule est un composé de gris, soit colorés en rose, soit en vert pâle, soit, à l'automne, dans les tons chauds, et sont généralement massés, mais par des transparences, jamais par des épaisseurs de pâte. Le peuplier, au contraire, sauf dans les extrémités, doit être peint plus solidement dans toutes les parties du feuillage qui touchent à la tige mère.

Pour les feuilles détachées des tiges et vibrant sur le ciel, c'est par touches légères posées au bout de la brosse qu'il faut procéder, et quoiqu'en ces derniers temps, il soit de mode de fulminer contre l'habileté de main et les procédés, c'est pourtant aux habiles seuls que le succès ici est dévolu. Mais il ne faut pas que l'adresse se sente dans le rendu, autrement elle devient un procédé abordable à tous et diminue d'autant l'originalité du premier qui en fait usage. Donc, pour tout ce qui sera de l'exécution, tâchons d'être adroits en même temps que sincères, mais faisons éclater la sincérité de notre vision et dissimulons notre habileté autant que possible.

CHAPITRE XIII

COMPOSITION DU TABLEAU A L'ATELIER

D'APRÈS LES ÉTUDES SUR NATURE

CHAPITRE XIII

COMPOSITION DU TABLEAU
A L'ATELIER

D'APRÈS LES ÉTUDES SUR NATURE

La composition en art consiste dans le choix, l'arrangement et la combinaison des lignes générales formant la silhouette des objets à représenter, de façon à produire au spectateur une sensation agréable. Aussi, bien que d'après nature il y ait déjà une manière de prendre le *motif* d'étude très personnelle à chaque artiste, le mot de Théodore Rousseau : « le tableau se fait à l'atelier, » est absolument juste, et les énormes toiles exécutées d'après nature par nos contemporains, pour faire figure dans les salons annuels, sont autant d'erreurs où il se dépense beaucoup de talent d'exécution, mais qui sont loin de constituer de véritables œuvres. L'esprit analytique forme les artistes, mais la synthèse savante et charmeresse seule nous fait reconnaître le grand artiste entre tous.

Il n'y a pas de règles absolues pour la composition d'un paysage, et le but principal est d'atteindre l'harmonie et l'unité, de manière à procurer une sensation agréable à l'œil, sans sacrifier aucunement à l'aspect de vérité puisée aux études d'après nature. On y peut arriver par l'observation des œuvres de maîtres tant anciens que modernes dans lesquelles on reconnaîtra toujours cette qualité primordiale en art, l'harmonie générale.

L'harmonie dépend de la judicieuse subordination des objets les uns aux autres, selon l'importance qu'ils doivent prendre dans le tableau, en vue d'un centre d'intérêt déterminé, et cela est exprimé tant par l'équilibre des lignes que par la concentration des effets d'ombre et de lumière.

L'unité, l'équilibre, la simplicité des formes sont autant de facteurs nécessaires à la bonne composition d'un tableau ; d'autres lois, d'ordre secondaire, concourent à l'harmonie, ce sont : la variété, le soutien, la répétition. Tout d'abord, il est un fait qui se dégage clairement des œuvres des maîtres : c'est qu'on y trouve, qu'ils l'aient voulu ainsi ou non, la composition basée sur la forme géométrique, soit du triangle ou de la pyramide, de la diagonale ou de ses contrastes, enfin sur le cercle, de telle sorte qu'on a pu classer les compositions en angulaires ou circulaires, demi-circulaires serait plus juste.

Au premier rang, comme règle de composition, il faut placer l'équilibre des lignes formant la silhouette générale. Or, cet équilibre ne s'obtiendra que par un balancement calculé, une opposition voulue de forme à forme, la nature présentant presque toujours cette opposition : ainsi, dans un paysage, quelle qu'en soit l'étendue, si les masses d'un plan vont en silhouette de gauche à droite, les masses du plan qui lui fait face iront de droite à gauche et vice-versa.

Je ne parle pas des plans de fond, qui affecteront toujours la forme horizontale plus ou moins modifiée. On peut en déduire que, dans un même plan, les parallèles devront être rejetées, à moins qu'elles ne soient soutenues par une ligne diamétralement opposée qui forme le contraste. On voit par là que si l'on applique cette règle d'un plan au tableau lui-même, on tombe dans la composition pyramidale qui est la meilleure.

Mais, d'autre part, on ne doit pas oublier que, chez l'homme, toute forme angulaire dont le sommet se trouve placé en haut est le *schéma* [1] de la tristesse, à moins toutefois que cette forme ne se trouve immédiatement relevée sur un de ses côtés ; l'objet ainsi placé, presque toujours perpendiculairement, est ce qu'on nomme le *soutien*.

L'équilibre d'une composition ne dépend pas uniquement de la forme, mais aussi des valeurs et des oppositions d'ombre et de lumière. Ainsi, lorsque la composition principale enfermée sous une forme pyramidale

1. L'indice, la caractéristique.

sera en pleine lumière, le soutien pourra être dans l'ombre ou tout au moins dans une valeur de ton très rigoureuse.

Nous avons dit, antérieurement, que, pour être en bel aspect, la mise en toile d'une étude doit être faite de façon à placer l'horizon à peu près au tiers de la hauteur totale à partir de la base du tableau. Une disposition heureuse, et ceci en particulier pour les études de bords de mer ou de rivière, consiste à placer la composition sous la diagonale partant d'un des angles supérieurs du tableau, en mettant également le départ de la silhouette au tiers de la hauteur totale du tableau à partir du sommet. De cette façon, le ciel prend toute son importance, et l'artiste trouvera, dans la forme des nuages, l'équilibre et le balancement de formes nécessaires à la belle présentation de son tableau.

Est-ce à dire, de tout ce qui précède, que l'œuvre composée constituera seule une œuvre d'art? Non certes, et telle étude de Corot ou de Daubigny, naïvement cherchée sur nature, vaudra mieux cent fois que bien des compositions savamment combinées : mais, assurément, si on les compare uniquement à eux-mêmes, ces maîtres nous intéresseront bien davantage dans leurs tableaux que dans leurs études qui ne nous montrent en réalité, si loin qu'en soit poussé le rendu et quelque charme qu'elles nous présentent, que l'analyse intime de leur talent : leur cœur y vibre quelquefois, leur âme n'y donne jamais tout son essor, tout son développement.

CHAPITRE XIV

CONCLUSION

LE PAYSAGE

L'ART ANCIEN — L'ART MODERNE

CHAPITRE XIV

CONCLUSION

LE PAYSAGE — L'ART ANCIEN — L'ART MODERNE

On peut résumer l'appréciation générale à propos du paysage en ces termes : l'art ancien repose sur la science, l'art moderne sur l'observation. C'est qu'en effet, parmi les maîtres d'autrefois, il ne suffisait point d'avoir fait quelques études d'après nature pour être peintre, il fallait encore connaître à fond les règles du dessin, de la perspective et l'art de composer. Le tableau se faisait toujours à l'atelier et sortait presque en entier du cerveau de l'artiste. Il fallait, outre l'aspect de vraisemblance que nous ne pouvons juger aujourd'hui que la plupart des œuvres sont décolorées, il fallait, dis-je, qu'un peintre sût encadrer sa pensée et la traduire en une composition savante.

De l'art savant et vrai des Hobbema et des Ruysdaël,

on devait tomber inévitablement dans les compositions souvent fantaisistes des Claude Lorrain, des Nicolas Poussin. C'est la tendance inévitable de l'étude et de l'imitation des maîtres de la Renaissance italienne et de l'École de Rome, tendance contre laquelle il n'y avait point de rédaction possible, vu l'époque, sous peine d'expier par la misère, comme Lantara, des efforts et une aspiration nouvelle vers la nature.

C'est cette différence essentielle dans la manière d'interpréter la nature entre les anciens et les modernes qui m'a fait vous dire : Ne copiez point les anciens tableaux, et si vous allez au Louvre, que ce soit pour étudier leurs procédés, pénétrer leurs secrets d'arrangement et de goût si vous le jugez convenable, pour les discuter en un mot, non pour les imiter.

On le voit, c'est surtout par le dessin qu'il faut étudier les maîtres, car c'est le dessin seul qui subsiste malgré le temps, et la perspective aérienne qui n'est autre que la science des valeurs. Ces observations nous amèneront à comprendre la transition de l'art ancien à l'art moderne, car des Hobbema, des Wynantz, des Ruysdaël, il n'y a qu'un pas pour arriver à Diaz, Corot, Daubigny et Français, en passant par Constable. Mais ce pas devait être long à franchir, malgré les petits maîtres du dix-huitième siècle, charmants paysagistes, mais d'une fantaisie par trop exagérée et plutôt décorateurs que peintres.

Autant la science éclate chez les anciens, autant le

charme de vérité prime aujourd'hui, et, on peut le dire, plus l'œuvre semble rapide et vivement impressionnée, c'est le mot propre, plus l'œuvre est applaudie et classe d'elle-même son auteur parmi les maîtres.

Est-ce à dire que la science est exclue de ces œuvres magistrales ? Eh non, tout au contraire, l'œuvre savante de dessin et de valeurs l'emporte sur les autres, et c'est cette science même toute grande et toute sobre qui a placé Harpignies en tête de l'École des paysagistes modernes, qui compte des sincères comme Hanoteau, des habiles comme Pelouze, des poètes comme A. Pointelin et Cazin, des novateurs enfin tels le plus puissant des impressionnistes, le maître Claude Monet et son école. C'est donc en étudiant ces maîtres dans nos musées modernes et aux salons annuels que vous pourrez suivre le mouvement artistique qui se produit à notre époque. Je ne saurais trop vous le dire, tant de désillusions et de mécomptes vous attendent devant la nature, que vous ne sauriez trop voir comment procèdent ces artistes nés, dont l'unique méthode, en somme, est l'étude, qui les a conduits à un résultat souvent inattendu : car on sait comme on part, on ne sait pas comme on arrive, et le plus fin observateur eût pu voir les œuvres de Corot, en 1840, qui ne se fût point douté de ce que deviendrait le maître à l'apogée de son talent.

Je vous le répète, observez donc parmi vos contemporains comment on peint, mais observez partout comme on dessine, et dessinez beaucoup, car la couleur passe et le dessin reste.

Et maintenant, ami lecteur, je crois qu'il est temps de clore ce petit volume, car je ne trouve plus rien à ajouter à ce qui s'est dit jusqu'à ce jour sur le côté pratique de la peinture. Allez donc devant la nature, elle sera votre meilleur conseiller et votre meilleur guide ; heureux si j'ai pu, à l'aide de renseignements puisés aux meilleures sources, vous aplanir les difficultés des premiers débuts.

P.-S. — Plus de vingt années se sont écoulées depuis la première édition de notre traité de la *Peinture à l'huile* et, les éditions se succédant, nous différions la publication d'un ouvrage plus important dont nous avions préparé tous les documents puisés aux meilleures sources, lorsque nous apprîmes qu'un vieux praticien de la palette, l'excellent paysagiste Ernest Hareux, avait entrepris le même ouvrage [1] concernant tous les genres et que, dans ce livre nouveau, il entendait insister surtout sur la technique même de la Peinture, depuis la composition des tons, basée sur le mélange des couleurs, jusqu'à la composition esthétique du tableau, voire même la sentimentalité de l'œuvre, domaine de la pensée.

De ce jour, nous renonçâmes à notre projet, estimant

1. Voir le *Cours complet de peinture à l'huile* ; le *Mélange des couleurs enseigné par l'exemple* ; le *Paysagiste devant la nature* (H. Laurens, éditeur, Paris).

que l'artiste consciencieux et fort de ses « *humanités* » puisées aux enseignements des maîtres sévères que furent J.-B. Bin et Charles Busson, autant qu'habile peintre tant devant la nature qu'à l'atelier était tout qualifié pour guider avec clarté et de façon la plus loyale l'amateur et le jeune artiste.

Ernest Hareux fut, on pourrait dire, un des derniers représentants de notre école française dite de 1830, en ce sens qu'il eut bien des affinités avec Ch. Daubigny dont il aimait passionnément le talent : comme ce grand artiste, il fut toujours séduit par les frondaisons du Printemps, les orages montant à l'horizon, les soleils couchants, les clair de lune et c'est ainsi qu'il fut un sentimental autant que peintre excellent et sincère. Sans préoccupation d'écoles, il vit la nature en des gammes claires, sous le soleil, ainsi que font nos impressionnistes actuels, et atteignit aux notes les plus sombres quand les effets violents de la nature l'y contraignirent, mais toujours avec une sincérité d'observation dont nul ne doit se départir et une technique réfléchie, préparée à l'avance et très sûre, qu'il a relatée dans ses ouvrages en ses moindres détails, et c'est pourquoi nous ne saurions trop engager l'amateur et le jeune artiste à se pénétrer des enseignements si sûrs et si précis contenus dans ce bel ouvrage qui, venant couronner la belle et loyale carrière de son auteur, lui valut le titre de chevalier de la Légion d'honneur.

K. R.

TABLE DES MATIÈRES

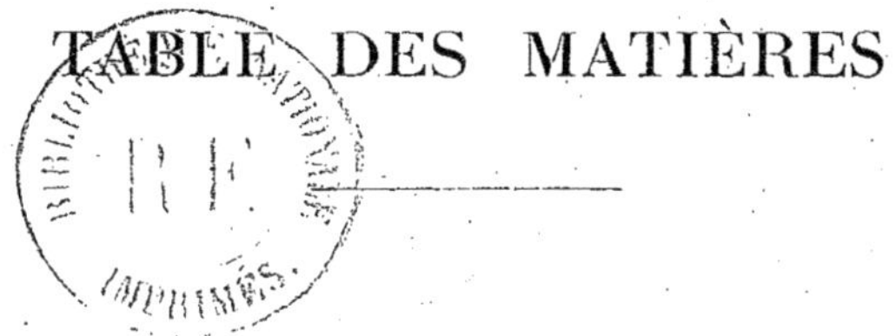

CHAPITRE III

CHAPITRE IV

CHAPITRE V

CHAPITRE VI

CHAPITRE VII

CHAPITRE VIII

CHAPITRE IX

CHAPITRE X

CHAPITRE XI

CHAPITRE XII

CHAPITRE XIII

CHAPITRE XIV

MACON, PROTAT FRÈRES, IMPRIMEURS

MACON, PROTAT FRÈRES, IMPRIMEURS

www.ingramcontent.com/pod-product-compliance
Ingram Content Group UK Ltd.
Pitfield, Milton Keynes, MK11 3LW, UK
UKHW022104260726
13993UKWH00001B/308

9 782019 684945